新时代青年学者管理文库
Management Library for Young Scholars in the New Era

“一带一路”建设中跨国供应链形成机制及影响因素研究

Research on the Formation Mechanism and Influencing Factors of International Supply Chain in the Construction of the Belt and Road

王春豪 著

东北财经大学出版社
Dongbei University of Finance & Economics Press
大连

MANAGEMENT LIBRARY

图书在版编目（CIP）数据

“一带一路”建设中跨国供应链形成机制及影响因素研究 / 王春豪著. —大连：东北财经大学出版社，2025.4. —（新时代青年学者管理文库）. —ISBN 978-7-5654-5483-7

Ⅰ. F276.7；F252.1

中国国家版本馆CIP数据核字第2025VV1864号

东北财经大学出版社出版发行

大连市黑石礁尖山街217号　邮政编码　116025

网　　址：http://www.dufep.cn

读者信箱：dufep@dufe.edu.cn

大连永盛印业有限公司印刷

幅面尺寸：170mm×240mm　字数：172千字　印张：14.5　插页：1

2025年4月第1版　　2025年4月第1次印刷

责任编辑：石真珍　　责任校对：何　群

封面设计：张智波　　版式设计：原　皓

定价：82.00元

教学支持　售后服务　　联系电话：（0411）84710309

如有印装质量问题，请联系营销部：（0411）84710711

前　言

共建“一带一路”是中国发出的全球化倡议。中国的全球化是在政治、经济、文化等领域全面融入世界，其中，经济全球化的重要载体是跨国企业，中国企业能够成功“走出去”是决定共建“一带一路”水平的核心指标，中国企业的国际化水平代表着中国经济的全球化水平。共建“一带一路”强调各国之间的合作共赢，这与供应链中强调成员企业的合作共赢本质上是相同的。共建“一带一路”倡议是中国对世界的庄严承诺，这种诚意是对共建国家的尊重和信任，对跨国供应链合作关系的建立具有促进作用。

本书基于企业国际化理论、关系契约理论和制度理论等，对共建“一带一路”中企业国际化对跨国供应链关系建立的影响机制进行实证研究，剖析供应链治理在跨国供应链关系持续性中发挥的重要作用，系统分析共建“一带一路”国家发展环境对跨国供应链形成的外部影响因素。研究内容主要包括以下几个方面：首先，从企业国际化理论、关系契约理论和制度理论等方面展开文献研究，对跨国供应链形成的理论进行总结评述，提出共建“一带一路”中跨国供应链形成的主要问题，为系统性研究奠定理论基础。其次，深入阐述共建“一带一路”中跨国供应链形成的背景，对共建“一带一路”的现状进行分析，对共建“一带一路”与跨国供应链形成的逻辑关系进行深入分析。再次，分析共建“一带一路”跨国供应链形成的基础条件、形成要素以及演进过程，提出跨国供应链形成的内在机制及外部影响因素的综合理论分析框，从跨国供应链内部形成机制出发，系统剖析企业国际化对跨国供应链关系建立的影响，以及供应链治理对跨国供应链关系持续性的影响作用。最后，根据制度理论构建共建“一带一路”国家发展环境因素以及共建国家与中国跨国供应链关系指标体系，实证检验外部环境因素对跨国供应链的形成产生的影响。

本书综合运用规范分析和实证分析相结合的方法展开研究，规范分析以文献分析、逻辑推理为主，实证分析主要包括面板回归分析、因子分析、多元回归分析等。本书主要得出以下研究结论：

第一，构建跨国供应链能够促进共建“一带一路”目标的实现。国内外已有文献大多对发达国家的跨国公司如沃尔玛、苹果等主导的跨国供应链展开研究，尚缺乏对新兴经济体和转型经济体（如中国等）主导的跨国供应链的研究。在共建“一带一路”的相关研究中，从政治学、国际关系、国际贸易等宏观视角剖析如何推动共建“一带一路”的较多。本书通过比较共建“一带一路”与跨国供应链形成的目标、过程、内容以及原则，发现共建“一带一路”与跨国供应链形成具有同步性和耦合性，跨国供应链关系的建立和维持有利于共建“一带一路”国家之间的互利共赢。

第二，提升企业国际化深度能够促进跨国供应链关系的建立，但提升企业国际化广度则不利于跨国供应链的形成。研究发现，企业国际化对跨国供应链关系的建立具有显著的影响，企业国际化深度与跨国供应链关系存在U形函数关系——当企业国际化深度达到一定水平时，跨国供应链关系得以建立，而企业国际化广度对跨国供应链关系的建立具有负向影响。企业运营能力越强，企业国际化深度对跨国供应链关系建立的促进作用越显著。当企业运营能力较强时，企业采取“普遍撒网”的国际化扩张策略有利于战略供应商关系的建立，而采取“重点捕鱼”的国际化扩张策略有利于战略客户关系的建立。

第三，供应链治理对跨国供应链关系持续性具有显著影响。战略供应商关系和战略客户关系对企业绩效的提升均具有显著的促进作用。关系治理机制在战略客户关系与企业绩效之间具有正向调节作用，因此关系治理机制对治理战略客户关系具有积极作用，能够提升企业绩效。正式治理机制在战略供应商关系与企业绩效之间具有正向调节作用，因此正式治理机制对治理战略供应商关系具有积极作用，能够提升企业绩效。

第四，共建“一带一路”国家基础设施与物流环境、经济发展与市场环境因素对跨国供应链的形成具有显著的正向影响，共建国家经济对外开放环境对跨国供应链形成的积极影响逐渐显现，共建国家社会环境与政治因素、投资与贸易规则因素对跨国供应链的形成产生的不利影响逐渐消除，并呈现积极的影响。

上述四个方面的研究结论，从总体上勾画出了共建“一带一路”中跨国供应链形成的过程图谱，为系统认识共建“一带一路”中中国企业跨国供应链关系的形成及持续性维护提供了重要参考，为促进共建“一带一路”提供了重要的理论基础。

著　者

2025年2月

目 录

第 1 章

绪论

1.1 研究背景与问题提出

1.1.1 研究背景

1）共建“一带一路”是中国发出的全球化倡议

20世纪八九十年代，经济全球化加速了世界经济的增长，使商品和资本在全球范围内流动，推动了科学技术和文明的进步，加强了各国人民的往来和交流。21世纪以来，国际政治经济格局发生深刻变化，全球发展深层次矛盾日益突出，国际力量对比日趋均衡，国际秩序和全球治理体系变革更加深入，在战略上迫切需要根据国内国际形势变化提出新思路、新构想，以推动我国改革开放事业发展。

2013年9月7日、10月3日，习近平主席分别在哈萨克斯坦纳扎尔巴耶夫大学、印度尼西亚国会发表演讲，先后提出共同建设“丝绸之路经济带”与“21世纪海上丝绸之路”，即共建“一带一路”倡议。

2015年3月28日，经国务院授权，国家发展改革委、外交部、商务部联合发布了《推动共建丝绸之路经济带与21世纪海上丝绸之路的愿景与行动》（以下简称《愿景与行动》）。《愿景与行动》主要从时代背景、共建原则、框架思路、合作重点、合作机制等方面，分别回答了什么是“一带一路”、为什么要建设“一带一路”、怎么建设“一带一路”等重大问题。这份具有方向性、框架性和意向性的文件，是中国推动丝绸之路经济带建设的行动纲领和实现蓝图，为中国与共建国家的全球化发展提供了具有建设性的“中国方案”。中国的全球化是要在政治、经济、文化等领域全面融入世界，其中，经济全球化的重要载体是跨国企业，中国企业“走出去”是决定共建“一带一路”水平的核心指标，中国企业的国际化水平代表中国经济的全球化水平。《愿景与行动》代表一种诚意，一种信任和承诺，这是中国与共建国家建立紧密合作关系的核心要素，更是推动中国企业“走出去”的一种关系治理方式。

2）共建“一带一路”是开放性的合作平台

近年来，以日本、美国为首的发达经济体，曾经提出各种版本的丝路计划或战略，如日本的“丝绸之路外交”（1997）、美国的“新丝绸之路”计划（2011）等，但收效甚微。这些计划或战略最终失败或不了了之的主要原因在于它们的核心目的是维护发达国家利益，丝绸之路沿线国家从中得到的好处有限。中国不仅是丝绸之路的发源地，而且在共建“一带一路”国家中是最大的发展中国家，也是经济规模最大的经济体，由中国倡导、引领共建国家开展合作，既具有一定的文化基础，又具有较强的经济基础。推动共建国家之间共赢发展，既符合中国的发展利益，又契合共建国家的发展利益，甚至可以满足部分发达国家的利益诉求。因此，2013年9月共建“一带一路”倡议一经提出，就得到了哈萨克斯坦、格鲁吉亚等沿线发展中国家的广泛支持和响应。表1-1列出了近年来部分国家提出或实施的丝绸之路相关计划或战略。

表1-1　**近年来部分国家提出或实施的丝绸之路相关计划或战略**

国家	计划或战略名称	提出/实施时间
美国	“新中亚”战略	1997年
	“大中亚”计划	2005年
	“新丝绸之路”计划	2011年
	“亚太再平衡”战略	2012年
俄罗斯	新丝绸之路	2009年
	欧亚经济联盟	2011年

续表

国家	计划或战略名称	提出/实施时间
日本	“丝绸之路外交”构想	1997年
伊朗	与中国铁路联通计划	2011年
哈萨克斯坦	新丝绸之路项目	2012年
	光明之路新经济计划	2014年

资料来源：根据各国政府官方网站公告整理。

由于美国和日本等国家提出的丝绸之路计划未获成功，前车之鉴使部分国家心生芥蒂，最初对中国的共建“一带一路”倡议持怀疑和警惕态度。随着共建“一带一路”的不断推进，这些国家的态度逐渐转变，而且多数国家已成为亚洲基础设施投资银行（简称亚投行）成员国，说明这些国家在行动上对共建“一带一路”是支持的。2024年9月26日，在乌兹别克斯坦闭幕的亚投行第九届理事会年会，批准瑙鲁加入亚投行的申请，至此，亚投行成员总数增至110个，覆盖全球81%的人口和65%的GDP。由此可见，共建“一带一路”符合当前世界经济发展的主流趋势。从跨国企业的角度来看，供应链之间的合作关系将大于竞争关系，只有这样才能在共建“一带一路”中实现更大的发展，正所谓“合则两利，斗则俱伤；互信则进，猜忌则退”。

3）共建“一带一路”环境多样性与不确定性并存

共建“一带一路”国家环境较为复杂，各国政治、经济、社会、文化等制度环境差异较大，而且恐怖、犯罪等不确定性事件时有发生，这种环境的多样性和不确定性使共建“一带一路”面临一些挑战。首先，共建“一带一路”国家内部存在不确定性。除西欧部分发达国家以外，共建“一带一路”国家大多是发展中国家或者转型国家。这些国家可能存在国家基础设施建设投入不足的困难、国家治理能力亟待提升、民族和宗教成分复杂、政治危机与宗教族群对立事件层出不穷等一系列问题。例如，中亚各国存在基础设施建设滞后、各国贸易通关协作不足、北极航道充满恶性竞争以及贸易壁垒等问题。其次，部分共建“一带一路”国家政治和社会秩序不稳定，国家安全局势对共建国家的互联互通产生重要影响。以海盗和毒品走私为代表的跨国犯罪同样威胁着共建“一带一路”国家的合作，而且由于美、日等发达国家对中国的崛起存在猜疑和敌视，在参与共建“一带一路”过程中，欲借大国博弈渔翁得利的小国随时可能出现动摇，加上一些国家安全局势动荡，给共建“一带一路”带来不确定性影响。

1.1.2 问题提出

1）为什么构建“一带一路”跨国供应链？

弗里德曼（2006）在其著作《世界是平的》一书中指出，全球化经历了三个阶段：第一阶段是1492—1800年。哥伦布远航开启世界贸易先河，这一阶段的全球化进程取决于一国的实力及其应用形式，部分国家利用侵略和暴力推倒壁垒，将世界多个部分合并为一。第二阶段是1800—2000年。在这一阶段，推动全球化的主要力量是跨国公司，荷兰和英国的股份公司的发展是全球化进程的典型代表。第三阶段是2000年以后。在这一阶段，公司国际化的门槛越来越低，不论公司规模大小，都可以在世界各国寻找合作伙伴，以各种形式开展合作，建立战略合作关系，因为世界变得更加平坦了。他以沃尔玛为例，论述了供应链在推动世界变平过程中发挥的重要作用，将供应链列为推动世界变平的十大力量之一。共建“一带一路”要破解的难题之一就是填平连接东亚与欧洲两个繁荣经济圈的“洼地”，让世界变得更加平坦，让全球化惠及每个共建国家。因此，加强跨国供应链合作是共建“一带一路”的重要路径，高效的供应链系统能够加速共建国家跨国企业的发展，推动共建“一带一路”进程。同时，弗里德曼（2006）提出了在平坦世界跨国供应链形成面临的两个基本挑战：一是找到最值得信赖并且成本低的运输系统；二是协调容易中断的供给和难以预测的需求。这些挑战在共建“一带一路”中可能表现得更加突出。那么，跨国供应链形成的可行性有多大，构建跨国供应链能否成为共建“一带一路”的路径之一呢？这是本研究需要回答的关键问题。

2）共建“一带一路”中如何构建跨国供应链？

共建“一带一路”强调各国之间的合作共赢，这与供应链中强调成员企业的合作共赢本质上是相同的。共建“一带一路”国家之间开展合作，需要在各国之间的合作领域建立紧密的伙伴关系。中国致力于将与共建国家之间的关系提升为全面战略合作伙伴关系，这种关系首先体现在政治、外交上，而且高层互访、政治沟通等是建立这种关系的主要途径。在经济行为中，有三大机制促成合作：权力、市场和信任（Adler and Posner，2001）。权力的强制性和市场的多变性对合作关系的建立不能起到根本性的作用，而信任在合作关系中能起到决定性的影响，这在供应链合作关系的建立中尤为重要。共建“一带一路”倡议是中国对世界的庄严承诺，这种诚意是对共建国家的一种尊重和信任，对建立跨国供应链合作关系具有促进作用。这与西方国家通过谈判形成有关协定（同盟）来约束行为主体的方式有很大区别，中国企业承包海外工程项目，除了谋取经济利益外，还具有公益的性质，而且部分项目是中国援建的，对完善共建国家的基础设施建设将作出积极贡献。那么，共建“一带一路”中如何构建跨国供应链呢？这就需要剖析跨国供应链的内在形成机制，这是本研究需回答的核心问题。

3）“一带一路”跨国供应链形成过程中存在哪些外部影响因素？

作为一项地理覆盖范围空前广泛的超大型洲际经济合作倡议，共建“一带一路”受到地缘政治关系、民族宗教矛盾、各国发展阶段与利益诉求、各国国内风险、跨境威胁等多种因素的影响，面临各种固有的、新生的、潜在的、现实的制度环境提出的挑战。根据已有的研究，制度环境引发的各种风险对跨国供应链合作关系具有重要影响。当然，共建“一带一路”作为一项合作倡议，已经取得了许多成果，如与哈萨克斯坦“光明之路”经济计划的战略对接，与俄罗斯主导的“欧亚经济联盟”的战略对接等，这些有利于共建“一带一路”的顺利开展。那么，共建“一带一路”国家与中国的合作关系是否对跨国供应链形成具有促进作用？共建国家哪些环境因素对跨国供应链形成具有怎样的影响呢？这是本研究需要回答的重要问题。

1.2 研究意义与研究目标

1.2.1 研究意义

1）理论意义

近30年来，供应链理论和实践的研究已取得了丰硕成果，经济全球化的热潮，以及互联网信息技术的革新，使供应链逐步朝国际化、全球化方向发展，跨国供应链或全球供应链逐步成为学者研究的热点问题。

首先，随着全球产业分工体系的不断演进，跨国供应链的形式与内容始终处于变化之中，对应的跨国供应链理论研究同样呈现动态变化特征。在世界经济发展大潮中，跨国供应链的构建与形成在不同时期呈现出不同的特征，具有代表性的如第一次世界大战前的英国以贸易全球化构建跨国供应链，第二次世界大战后的美国以资本全球化构建跨国供应链，1993年欧盟成立后以政治经济一体化构建跨国供应链，等等。因此，共建“一带一路”中跨国供应链的构建可能不同于以往，对其开展针对性研究是对跨国供应链理论新的探索。

其次，当前针对跨国供应链的研究在各领域呈现割裂态势，风云变化的世界呼唤学术界能够提出指导经济与管理实践的思想及理论框架。由于跨国供应链所涉及的范围横跨两个或多个国家或地区，各国的政治、经济、文化、社会、法律等环境千差万别，这些典型特点导致跨国供应链理论和实践研究遍及运营与采购管理、营销管理、战略管理、国际贸易和经济学等多个研究领域，这些领域所关注的焦点、研究范式及方法截然不同，因而研究结论也呈现较大差异。共建“一带一路”为跨国供应链的系统性研究提供了有利条件。

再次，中国是全球供应链的关键一环，随着中国制造业的转型升级以及对共建“一带一路”国家基础设施投资的加大，全球供应链的格局必然发生重大变化，那么，以共建“一带一路”为研究情景探讨跨国供应链形成机制问题，对整合探索跨国供应链理论以及丰富共建“一带一路”相关理论具有重要的理论意义。

2）实践意义

首先，共建“一带一路”是中国寻求国际合作的积极探索，“一带一路”互联互通项目将推动共建国家发展战略的对接与耦合，重点优化产业链分工布局，推动上下游产业链和关联产业协同发展，必将推动跨国企业的国际化进程，这正是本研究探讨的跨国供应链形成的微观机制。因此，深入探讨跨国供应链形成机制问题对共建国家的企业“走出去”具有重要的现实意义。

其次，共建“一带一路”倡议提出，各国应按照市场规律和国际通行的规则，尊重市场，敬畏市场，注重发挥市场在资源配置中的决定性作用，在各种项目建设或合作中注重发挥企业的主体作用，鼓励各国企业参与共建国家基础设施建设和产业投资。可以预见的是，共建国家的企业将在共建“一带一路”中展开广泛合作，也将在市场中展开激烈的竞争。实践证明，供应链治理在供应链合作中发挥着重要的作用，是培育供应链核心竞争力的重要机制。本研究所探讨的供应链治理在跨国供应链形成中的作用，将为企业建立跨国供应链关系提供相关证据。

再次，本研究通过研究跨国供应链形成的外部影响因素，能够为政府制度安排和企业应对不确定性环境的决策提供参考依据。

1.2.2 研究目标

在全球经济和贸易格局发生重大变革的背景下，共建“一带一路”倡议为促进区域经济乃至世界经济增长提供中国方案，为中国与世界开展更加广泛的合作搭建平台。基于此，本研究以历史与现实、中国与世界相结合的视角，通过对历史经验及数据资料进行分析，对中国与共建“一带一路”国家之间的合作进行深入的实证研究。具体研究的目标有以下四个：一是通过研究共建“一带一路”与跨国供应链的逻辑关联，探讨跨国供应链形成的核心要素，并提出跨国供应链形成的演进过程框架；二是基于企业国际化理论，以中国外向型上市公司为样本，对企业国际化与跨国供应链关系进行实证检验，找到跨国供应链初步形成的前因；三是基于关系契约理论，研究跨国供应链关系对企业绩效的影响，找到影响跨国供应链持续性的决定性要素；四是基于制度理论，研究共建“一带一路”国家环境因素对跨国供应链形成的影响。

1.3 相关概念界定

1.3.1 跨国供应链

在已有文献中，“全球供应链”（Global Supply Chain）最早出现于1956年，真正被学者普遍关注则始于20世纪90年代。Muller（1993）认为全球供应链是优化信息流和采购原材料的战略，沿着供应链实现高水平生产和质量的目标，以交付最终货物。Klassen和Whybark（1994）将全球供应链定义为在世界范围内的工厂和原材料采购网络。Motwani等（2000）认为全球供应链管理是一个基于基本和附加服务的客户交付的整合过程，并用于创造和维持竞争优势。Reyes等（2002）则将全球供应链定义为供应与需求同步，以通过供应链减少不稳定性。Albino等（2002）提出全球供应链是将原材料制成中间产品或者产成品，利用销售渠道送达客户，完成原材料、在制品和产成品在全球范围内的流动，供应链上各企业之间利用世界进出口贸易来实现供应链，这些供应链活动跨越了国界。蓝庆新（2003）、钟祖昌和谭秋梅（2007）认为跨国供应链是将供应链扩展到全球范围，供应链中的核心成员企业与其供应商和客户之间，在信息技术的支持下，完成一体化的供应链快速运作，使商流、信息流和物流融合起来，满足全球消费的需要。肖伟和赖明勇（2009）认为全球供应链是实现一系列分散在全球各地的相互关联的商业活动，包括采购原材料和零件、处理并得到最终产品、给零售商和消费者配送产品、在各个商业主体之间交换信息，其主要目的是降低成本、扩大收益。李文锋（2011）认为跨国供应链的运作模式是在全球市场的环境下，以客户或消费者为起点，涵盖研发、原料采购、生产、配送等各个过程，最终把产成品送至客户的全部流程。宋华和贾景姿（2014）提出，跨国供应链管理是指在两国或两国以上的范围内建立供应链，以消费者为中心，实施供应链计划、协调和控制，完成资金流、信息流和物流的优化，实现降低企业成本、提高企业竞争力的目标。

关于国内供应链与跨国供应链内涵的区别，由于跨国供应链的先天复杂性，其管理难度较国内供应链更大（Dornier et al.，1998；MacCarthy and Atthirawong，2003；Sajadieh，2009；Wood et al.，2012），所以跨国供应链比国内供应链的风险更高（Manuj and Mentzer，2008），前者包含不同的税收、关税、汇率、清关、贸易壁垒、转让价格和复杂的国际运输问题等（Vidal and Goetschalckx，2001）。Li和Lin（2006）提出了一个一般性的全球供应链模型，但没有对全球采购与分销和国内采购与分销进行区分。Vidal和Goetschalckx（2001）、梁岩松和杜梅（2004）强调国内供应链局限于一个国家，但很多因素影响全球供应链，诸如国际贸易规则、关税、企业所得税及区位问题。Sajadieh（2009）也强调国内和跨国供应链之间的差异，认为后者包含全球供应商、全球情境下较远的地理距离、增长的运输成本，由供应链提前期加长导致的复杂物流，以及文化、语言、法律和货币上的差异。另外，其他因素如政府稳定性以及一个国家的基础设施对跨国供应链的影响也非常关键。Babbar等（2008）指出跨国供应链对单一企业而言过于复杂。为了供应链的可行性，产品必须有利于装船并跨越地理和国家边界（Asree，2010）。

综上所述，尽管学者们对跨国供应链的定义不尽相同，但对当今商业生态供应链处于全球情景中，以及跨国供应链较国内供应链更加复杂、管理难度更大的认识是一致的。当然，全球供应链并不意味着供应链中的节点企业必须遍布全球，而只要供应链中的节点企业跨越两个或两个以上国家即可，因此，全球供应链与跨国供应链的内涵是基本一致的，本研究不做严格的区分。

1.3.2 跨国供应链合作关系

供应链合作关系的研究最初起因于20世纪80年代初的日本企业。日本企业生产的汽车进入美国后，使美国汽车企业遭受极大损失，美国学术界和实业界开始对日本企业展开深入研究。美国麻省理工学院国际汽车研究团队的詹姆斯·P.沃麦克（James P.Womack），丹尼尔·T.琼斯（Daniel T. Jones）和丹尼尔·鲁斯（Daniel Roos）在《改变世界的机器》（1990）中专门论述了日本企业与供应链之间的关系，实际上这种关系就是后来所称的供应链伙伴关系（Supply Chain Partnership）。Bleeke和Ernst（1991）提出伙伴关系是独立的企业之间建立的策略性关系，它们具有共同的目标，建立相互的依赖关系可以获得竞争优势。Partnership Sourcing Ltd.（1993）认为，供应链关系致力于建立基于信任和共同目标的长期关系，并努力提升全球能力和竞争力。Douglas（2004）认为，供应链关系是基于相互信任、共享利益和共担风险的一种企业间关系。Maloni和Benton（1997）提出，伙伴关系是供应链内部两个或两个以上独立的成员企业之间，建立的一种能够协调彼此的关系，以保障实现供应链目标或效益。许淑君和马士华（2000）认为，供应链关系是供应链和制造商之间的一种关系，旨在共享信息、共担风险和共同获利。综上所述，跨国供应链合作关系即为跨国供应链成员之间的一种基于信任的互利共赢关系。

1.3.3 跨国供应链治理

Klein等（1978）指出，当交易者进行专门化投资时，由于存在机会主义，治理便产生了。Williamson（1991）认为，治理的目的是以最低的成本提供协作、控制和使交易者相信交易能够获得信任，这里治理机构与交易是否匹配以及配对效率是关键。Heide（1994）认为关系治理是指一个企业采用适当的治理机制，以积极和持续的态度，管理组织间的行为。Dyer（1996）认为治理结构是控制机会主义的一种制度性安排。Hennart（1993）认为，若治理结构与交易模式不匹配，将会导致较高的欺骗成本，或者会因为缺乏市场规则而导致较高的偷懒怠工成本。Dyer和Singh（1998）通过研究发现，治理在创造关系租金中起到重要作用，原因是治理对交易成本和联盟伙伴创造价值的意愿产生影响。资产专用性越强，其机会主义风险就越大，因此，此时治理结构的选择较为重要。Gereffi（2005）认为，治理是供应链理论研究的关键问题，一般情况下，企业处于完全垄断市场和完全竞争市场之间的位置，治理是对这些企业的行为进行管理或协调，促使供应链中的成员企业能够遵守相应的规范和准则，实现供应链绩效最大化。由此可见，供应链治理的目标是实现供应商与制造商之间关系价值的最大化，治理机制是从市场交易治理机制和权力治理机制中选择，市场交易治理机制的核心是增加合作企业双方的信任程度，从而避免机会主义行为，即关系治理，但是同时会增加交易成本；而为避免机会主义带来的道德风险或逆向选择问题，正式治理是关键，即通过纵向一体化，实施权力治理机制能够规避相应风险，但弊端是内部控制成本增加。因此，供应链治理实际上是一种“平衡之术”，即在风险成本、交易成本的增加与企业绩效的增加之间做出合适的选择。

供应链治理与公司治理具有明显的区别。供应链治理不仅注重外部环境的变化，而且关注企业组织的变革（李维安等，2016）。Richey等（2010）从战略的角度出发，提出供应链治理是对供应链内部及外部整合的边界和有利因素的管理。Aitken等（2013）则将供应链治理直接等同于治理结构，在Gereffi（2005）的基础上提出五种治理结构。Farndale等（2010）认为治理是能应对风险的机制，并将其划分为正式治理和非正式治理两种，前者包括市场和层级，后者包括信任、信息共享和规范。在供应链治理中，治理的核心内涵是合作、协调和相互联系。治理的基础是协调，治理的主体既包括供应链成员企业，也包括政府部门，治理更强调一种持续的互动，以维护供应链持续性为目标（李维安等，2016）。经济全球化使供应链中的脆弱性显著提高，全球物流和配送导致供应链的不确定性增加，产品生命周期的加快给企业的投入带来威胁，消费者需求的多样化以及个性化使供应链中的“牛鞭效应”难以规避。因此，从供应链的存续来说，供应链治理能够抑制由信息不对称带来的机会主义行为，保证供应链合作、协调和持续互动。

虽然供应链治理与供应链管理只有一字之差，但是二者有着各自的内涵和外延。在管理学中，学者们对管理下过很多定义。Robbins和Coultar（1996）提出，管理是与他人一起工作，并通过他人有效地完成工作的过程。治理则是指治理对象之间通过合作性协调实现组织目标的过程。前者强调权力的控制性，后者则强调关系的协调性（见表1-2）。

表1-2　**供应链治理与供应链管理的区别**

视角	供应链治理	供应链管理
研究目标	消除机会主义，协调成员间关系	实现企业经营目标
基本问题	治理行为的选择	计划、采购、制造、配送等
供应链本质	关系联合体	交易联合体
研究边界	供应链内、外边界的双重作用	供应链内部系统
研究主体	供应链内、外的所有利益相关者	核心企业、其他供应链成员

资料来源：李维安，李勇建，石丹. 供应链治理理论研究：概念、内涵与规范性分析框架［J］. 南开管理评论，2016（1）：4-15.

1.4 研究内容与研究方法

1.4.1 研究内容

本研究各部分内容安排如下：

第1章，绪论。针对共建“一带一路”中跨国供应链形成的研究背景，提出当前跨国供应链理论和实践中存在的主要问题；指出研究的理论意义和实践价值，以及研究的目标；对跨国供应链、供应链合作关系、供应链关系治理等相关概念进行界定，明确本研究的核心概念；最后确定研究思路和研究方法等。

第2章，文献回顾及相关理论。首先，基于企业国际化理论对跨国供应链的解释进行文献梳理；其次，基于关系契约理论对供应链关系治理的研究进行系统的文献回顾；再次，基于制度理论对跨国供应链形成的制度环境进行研究综述；最后，对共建“一带一路”有关研究文献进行总结，并对已有文献进行评述。

第3章，共建“一带一路”与跨国供应链形成的关联分析。首先，对共建“一带一路”的背景进行分析，全面总结共建“一带一路”的现状；其次，对共建“一带一路”与跨国供应链形成的逻辑关联性进行分析。

第4章，跨国供应链的形成条件、要素及演进过程分析。首先，对跨国供应链形成的有利条件和风险进行分析；其次，对跨国供应链形成的要素进行研究；最后，深入剖析跨国供应链形成的演进过程的理论框架。

第5章，企业国际化对跨国供应链关系建立的影响研究。基于企业国际化理论，建立企业国际化与跨国供应链关系的理论模型，收集参与共建“一带一路”的中国上市公司数据进行实证检验。

第6章，供应链治理对跨国供应链持续性的影响研究。基于关系契约理论，建立供应链关系与企业绩效之间的理论模型，并分析关系治理、正式治理在供应链关系与企业绩效之间的调节作用，通过上市公司数据进行实证检验，并对结果进行讨论。

第7章，共建“一带一路”国家环境对跨国供应链形成的影响研究。首先，在宏观层面分析共建“一带一路”国家与中国的跨国供应链关系，并构建共建“一带一路”国家环境因素指标体系；其次，构建共建国家环境与跨国供应链关系形成的检验模型，通过搜集国别数据，对变量之间的关系进行实证检验。

第8章，研究结论、启示与展望。首先，总结研究结果并进行归纳、提炼核心观点；其次，总结本研究的理论贡献和实践启示，分别对企业和政府提出建议；最后，对研究的局限性和未来研究展望进行讨论。

1.4.2 研究方法

综合运用规范分析和实证分析相结合的方法展开研究。规范分析以文献分析、理论归纳为主。首先，对已有文献进行深入分析。资料和数据来源主要是通过各种学术文献数据库获取的学术论文，通过图书馆及各种渠道获得的公开出版的各类研究报告，通过互联网获得的权威媒体报道及上市公司年报。笔者对以上文献进行详细阅读、筛选甄别，并深入梳理和汇总比较，形成本研究的重要基础；基于企业国际化理论、关系契约理论、制度理论以及交易成本理论等进行归纳演绎，并对相关问题进行逻辑推理，得出研究结论。

实证分析方法主要包括统计分析、面板回归分析、因子分析、多元回归分析等。数据来源主要是通过上海证券交易所、深圳证券交易所、国泰安数据库、Wind数据库、世界银行数据库、联合国数据库、IMF数据库、菲沙研究所等途径获取的相关研究数据。本研究运用SPSS 23.0、Stata 15.0等数据分析软件对数据进行处理和分析。

1.5 研究思路与技术路线

1.5.1 研究思路

本研究的思路分为理论分析、实证研究以及成果归纳三个阶段：

1）理论分析

对国内外研究文献进行梳理和归纳，以文献研究为基础，深入剖析共建“一带一路”的现状，提出跨国供应链形成的条件和要素，最终提出跨国供应链形成的演进过程理论框架，为实证分析奠定坚实基础。

2）实证研究

首先，检验企业国际化对跨国供应链形成的影响机制；其次，检验跨国供应链关系对企业绩效的影响，并检验供应链治理在其中发挥的作用；最后，检验共建“一带一路”国家环境对跨国供应链形成的影响。

3）成果归纳

对本研究的结论进行总结，分析研究的理论贡献和价值，并根据研究结论针对共建“一带一路”中的核心主体（企业、政府）提出相应的政策和管理建议。

1.5.2 技术路线

本研究的技术路线图如图1-1所示。

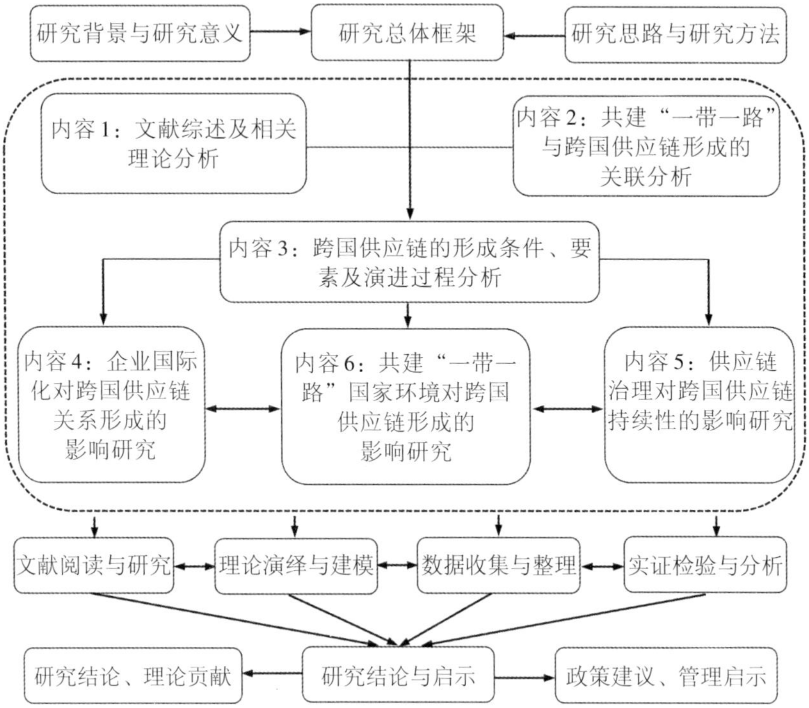

图1-1 技术路线图

1.6 研究的创新之处

本研究在文献综述及相关理论回顾的基础上，系统阐述了共建“一带一路”的背景、现状及与跨国供应链形成的逻辑关联性，提出了跨国供应链形成的要素及演进过程理论框架，建立了跨国供应链形成机制理论模型，以及共建“一带一路”国家环境对跨国供应链关系形成的影响实证模型。同时，本研究利用中国制造业上市公司

2013—2020年的数据对跨国供应链形成机制理论模型进行了实证检验，利用共建“一带一路”国家2015—2016年和2018—2019年统计数据验证了跨国供应链形成的外部环境影响变量，获得了一些有价值的结论，为共建“一带一路”有关企业及政府提出了政策建议。本研究的主要创新点如下：

1）提出并论证了通过构建跨国供应链推动共建“一带一路”的观点

国内外已有文献大多对发达国家跨国公司如沃尔玛、苹果公司等主导的跨国供应链展开研究，尚缺乏对新兴经济体和转型经济体构建跨国供应链的研究。在共建“一带一路”相关研究中，较多文献从政治学、国际关系、国际贸易等宏观视角剖析如何推动共建“一带一路”。本研究通过比较共建“一带一路”与跨国供应链形成的目标、过程、内容以及原则，发现共建“一带一路”与跨国供应链形成的过程是同步的，跨国供应链合作关系的建立和维持有利于共建“一带一路”国家之间的互利共赢。

2）实证研究了企业国际化对跨国供应链关系建立机制

研究发现企业国际化对跨国供应链关系建立具有显著的影响，这与已有研究结论是一致的。本研究的新发现是，企业国际化程度与跨国供应链关系存在非线性U形关系，只有当企业国际化程度达到一定水平时，跨国供应链关系才得以建立。本研究从理论上对跨国供应链关系建立进行了刻画，补充了现有文献对跨国供应链关系形成理论研究的不足。本研究进一步发现企业运营能力在企业国际化与跨国供应链关系之间起到一定的正向调节作用，提高企业运营能力是企业在国际化进程中构建跨国供应链的重要前提。企业运营能力较强时，企业国际化程度的提高有利于跨国供应链关系的建立，企业国际化广度的提高有利于跨国供应链关系中战略供应商关系的建立。

3）实证研究了供应链治理机制对跨国供应链关系持续性的作用

本研究发现企业战略供应商关系和战略客户关系对企业绩效均具有正向促进作用，这与先前的研究结论一致。本研究新的发现是，不同的供应链治理方式对供应链关系持续性的作用是不同的，关系治理机制对治理战略客户关系更有利，正式治理机制对治理战略供应商关系更有利，采用合适的供应链治理方式对跨国供应链关系的持续具有重要意义。

4）构建了中国与共建“一带一路”国家跨国供应链关系指标以及共建国家环境因素指标体系

现有文献对宏观层面的跨国供应链关系指标的研究不多，且对跨国供应链的影响因素的分析结论还未达成一致，有时完全相反。本研究运用2015年和2018年的截面数据对指标体系进行了探索性因子分析，实证检验了共建“一带一路”国家环境对跨国供应链形成的影响效应，并对不同时点进行了比较分析，研究结论对共建“一带一路”中跨国供应链企业以及相关的政府具有较强的应用价值。

第2章

文献回顾及相关理论

2.1 基于企业国际化理论的跨国供应链形成研究

2.1.1 跨国供应链的区位决策问题研究

第二次世界大战（以下简称二战）结束以后，世界迎来相对和平的发展时期，西方发达国家的经济宽松政策刺激了企业的快速扩张和发展，许多企业走出国门，在多个国家（地区）布局生产和销售网络。二战结束后的10多年里，跨国企业的数量猛增，尤其在石油化工、钢铁等工业领域发展较快，部分跨国企业竞争力得到空前提升，甚至出现了行业垄断。其间，跨国企业遇到的主要问题是如何选择生产和销售的地点，实际上就是投资区位决策问题。Hishleifer（1956）首次提出跨国供应链的概念，不过其研究的情境仍然是一国之内的多个地区的投资区位决策问题。Horst（1971）的研究更进一步，他将企业投资决策扩展到了国际情境之中，同时提出了一个后来颇具争议的问题，即跨国企业是集中生产好，还是分散生产好？很显然，这个问题需要经过实证研究才能给出适当的解释，因此引起了众多学者的讨论和研究。随着时间的推移，围绕这个问题的研究者渐渐形成两个流派，即支持集中决策的一派，如Copithorne（1971）、Vidal和Goetschalckx（2001）、Nieckels（2008）等学者；支持分散决策的一派，其代表性的研究如Hass（1968）等。还有学者认为，应考虑跨国企业在不同情境之下的决策问题，而不能笼统地讨论是集中还是分散，因为各有优劣。Villegas和Ouenniche（2008）认为，跨国企业在选择总部基地时，由于这是战略性的决策，此时应采取集中决策，但是在具体的生产或销售的战术层面，采取集中或分散决策应相机行事。由以上对该问题的研究可以看出，关于跨国企业的区位决策问题始终在战略管理领域内讨论。

与跨国供应链区位决策有关的另一个问题是在国内贸易和离岸外包中做出选择。Antràs（2003）研究了美国跨国企业选择国内贸易或离岸外包的决策问题，发现其选择取决于与其开展贸易的国家或地区的资本稀缺程度，资本稀缺的国家和地区是离岸外包的目的地。Grossman和Helpman（1993）则认为跨国企业在国内贸易和离岸外包之间的决策，取决于自身的劳动生产率和离岸外包国家或地区的经营成本，比如劳动力成本。Tomiura（2004）利用日本厂商层面的数据，研究发现资本密集型企业更倾向于对资本丰富的国家进行直接投资；而劳动密集型企业则更倾向于对劳动力丰富的国家进行离岸外包。赵立斌（2012）研究了东盟国家近年来FDI和中间产品贸易的现状，发现在产品内分工处于价值链中后端的东盟国家，虽然位置没有明显提升，但在FDI增加的同时其参与国际产品内分工的程度不断加深。吕飞和许大明（2013）对跨国公司在东亚地区生产区位选择的新动向进行了归纳，并从FDI、外包、生产分割等各种新的国际产业组织模式方面对跨国公司的产业生产网络组织模式及其特点进行了分析。

选择对外直接投资还是离岸外包，是研究跨国供应链模式决策的核心问题之一。制造企业选择离岸外包的根本原因是节约生产成本，但这会增加交易成本。因此，离岸外包的决策取决于外包要素成本的节约与交易成本的增加之间的权衡（Deardorff，2005）。与离岸外包相比，对外直接投资则能够节约交易成本。Helpman（2006）对比研究了跨国企业在自己生产、离岸外包、国内外包以及对外直接投资决策之间的选择问题。徐姝（2004）对市场、外包与企业这三种制度安排在资源配置方式、交易机制等方面做了比较，基于此提出了市场贸易、离岸外包和对外直接投资决策的内在机理。景瑞琴（2008）则提到国际外包由于其灵活性与成本优势逐渐取代FDI成为主流。

2.1.2 企业国际化与跨国供应链关系研究

Johanson 和 Vahlne（1977）在对北欧部分企业的国际化经营行为进行系统性研究的基础上，提出了企业国际化阶段理论。该理论认为企业的国际化经营行为是企业在面对自身及外部环境变化时逐步调整的一个过程。企业国际化可分为四个阶段：第一，企业以出口贸易为主；第二，企业通过独立的代理商出口；第三，企业在海外建立销售子公司；第四，企业在海外直接从事生产、制造和销售等经营活动。Bilkey 和 Tesar（1977）对美国中小企业的国际化行为进行了研究，Johansson 和 Nonaka（1983）研究了日本企业的国际化发展战略等，这些研究都从经验上支持了该理论的合理性。

国内学者对该问题开展有针对性、系统性的研究的时间较晚。鲁桐（2002）在企业国际化阶段理论的基础上，提出了中国企业国际化的内外向联系模型。该模型全面、系统地解释了中国企业国际化的路径，其中从内部来说，中国企业进口国外产品、引入国外的技术等要素，逐步融入了由国外跨国企业主导的跨国供应链；从外部而言，中国企业利用自身的优势"走出去"，通过学习和积累经验逐步走向国际化发展的道路。陈功玉和王洁（2007）以宝钢和海尔为例，研究了我国全球供应链管理从出口和贴牌制造的初级形式，到作为跨国公司全球供应链的重要节点和地区中心的形式，再到中国企业构建以本企业为核心的全球供应链形式的发展历程。李自杰等（2010）以中国电子信息技术产业为例，经过实证研究发现企业国际化阶段理论可以部分解释中国企业的国际化进程，中国企业的国际化经验逐步增加，企业更倾向于对外直接投资。宋华等（2011）基于中国汽车和机械行业的上市公司数据，经过实证研究发现，中国上市公司还处于国际化的初级阶段，通过融入跨国供应链进行国际化对提升企业绩效具有促进作用，企业国际化对战略供应商关系、战略客户关系具有显著的正向影响，而且供应链管理实践在国际化与企业绩效关系中起到了中介作用。

2.2 基于关系契约理论的跨国供应链形成研究

2.2.1 关系契约理论与供应链契约研究

1）关系契约理论

关系契约理论（Relational Contract Theory）由美国法学家麦克尼尔（Macneil）提出。该理论认为，契约是人与人之间的交换关系（exchange relations），所有交换都包含交易性（transactional）和关系性（relational）两类特征。Macneil（2000）认为关系契约理论包含以下四个核心命题：第一，每项交易都具有较为复杂的关系；第二，需要知晓每项交易的基本要素；第三，需要认同每项交易的要素并对交易进行分析；第四，综合分析交易和关系对契约更为有效。

关系契约的研究领域大致可分为三类（见表2-1）。第一类的研究主题是法律不健全时关系契约的主要作用。Grief（1993）认为，法律不健全时关系契约对交易具有一定保障作用，而且如果关系契约嵌入社会网络中，对交易的保障作用会加强。Johnson等（2002）对波兰、罗马尼亚等东欧国家进行了研究，发现关系契约的治理效果更好。Mathew和Chen（2013）认为，在中国关系治理机制是企业选择和使用最广泛的，这跟中国经济转型和法律体系逐渐完善有关。当法律不健全时，企业交易中的“关系”作用较为突出。但是，关系契约也有一定弊端，它迫使交易各方限定在一个“朋友圈”内，长期不进行“新陈代谢”，导致信息交流受阻，不利于企业发展，而且关系契约产生的各种限制壁垒，也使新的企业无法加入“朋友圈”。Wang和Li（2008）认为关系契约的固定成本低但边际成本高，而正式契约则刚好相反，当市场的规模较大时，正式契约的治理效果要优于关系契约。Chen和Manley（2014）研究发现提高正式契约的完备性和合理性，对交易双方的合作具有促进作用。这类研究当前存在的争议是：关系契约与正式契约的作用究竟哪一个更大，在什么情况下较大？

表2-1 **关系契约研究的主要领域**

项目	关系契约与正式契约	关系契约与专用性投资	关系契约治理
研究主题	社会法律制度缺失时关系契约的作用	关系契约对专用性投资的激励作用	关系契约要素的治理作用
研究方法	实证研究	博弈论	实证研究
研究结论	关系契约与正式契约各有利弊	合作预期较大时可确保关系契约的执行	已有的关系规范及规则可节约交易成本
存在问题	关系契约较正式契约的优势有待进一步研究	关系契约中“关系”的作用有待研究	关系治理与正式治理之间的关系有待研究
代表文献	Grief（1993）；Johnson等（2002）；Wang和Li（2008）；Mathew和Chen（2013）；Chen和Manley（2014）	Macleod和Malcomson（1989）；Williamson（1991）；Baker等（2002）；Levin（2003）；Plambeck和Taylor（2006）	Adler和Posner（2001）；Poppo和Zenger（2002）；Griffith和Myers（2005）；Griessmair等（2014）；Lu等（2015）

第二类的研究主题是关系契约对专用性投资的激励问题。Williamson（1979）将关系契约理论引入经济学，并对契约关系进行了深入的研究，成为制度经济学派的领军人物。Williamson后来所提出的理论与关系契约的关系并不大，但是他将关系契约理论与交易成本理论结合，推动了关系契约理论在经济学和管理学中的应用和研究。Williamson（1991）认为交易中的关系具有独特性，这种关系是经常的，但不是标准化的，而且具有专有性。Macleod和Malcomson（1989）利用博弈论方法探讨了对称信息下关系契约对专用性投资的激励问题，并设计出两种激励机制：一是设置一个标准，委托人付给代理人高于标准的固定工资；二是委托人考核代理人的绩效，按固定期限付给代理人奖励性工资。Baker等（2002）认为，专用性投资的所有权对关系契约的执行具有重要影响，当专用性投资的资产回报率波动较大时，一体化的方式较为有利，但是此时的激励条款作用不大；相反，非一体化时，专用性投资方的利益不会受损，但是会削弱产品的竞争力。Levin（2003）对双方在信息对称情境下关系契约的激励问题进行了研究，发现关系契约的执行主要受到对未来合作关系的预期程度的影响。Plambeck和Taylor（2006）进一步研究了双向信息不对称下的激励问题，发现如果提高双方信息的透明度，则对关系契约的执行较为有利。这一类研究通常采取博弈论的方法，探讨代埋人的激励与约束条件，但仍以“经济人”假设为依据，双方之间的信任关系是一种完全的计算性信任，双方均以追求利益最大化为基本原则，而在实际的交易中，交易各方的“关系”较为复杂，交易时也不都是以利润最大化为目的的，因此，该类研究的局限性仍需不断克服。

第三类的研究主题是关系契约各要素的治理作用问题。Adler和Posner（2001）认为关系契约中交易规则的建立能够降低企业交易成本，促进企业长期合作。Poppo和Zenger（2002）研究发现，交易时间和频率的增加使交易各方彼此信任度提高，有利于合作的继续深入。Griffith和Myers（2005）研究发现，不同的关系规则对跨国供应链战略适应（fit）的影响差异显著，比如信息交换对日本企业跨国供应链战略适应的作用显著，但对美国企业跨国供应链战略适应的作用不显著。Griessmair等（2014）认为交易各方之间的信任能够缓解交易中的冲突，对长期合作关系的建立具有促进作用。Lu等（2015）研究发现，关系契约的协同和控制对交易双方的长期合作关系具有显著促进作用。这类研究中，关于契约的要素不断被发现和证实，大量实证研究表明，关系契约中并非全部要素均对交易各方的合作有利，那么也就表明，关系契约对交易各方合作的作用是有限的，此时需要通过其他方式进行综合治理。部分研究探讨了正式治理（纵向一体化）与关系治理之间的关系。谈毅和慕继丰（2008）认为关系治理与正式治理在组织治理中的角色不同，发挥的作用也不同，二者是互补关系，不可替代。Mathew和Chen（2013）则认为在不同的环境中，正式治理和关系治理机制对组织的作用机理不同，二者之间有一定的替代关系。孙华等（2015）通过实证研究发现，交易各方信任程度的高低是影响组织采取关系治理机制还是正式治理机制的关键因素，当信任程度较高时宜采取关系治理机制，反之宜采取正式治理机制。由此可见，采取何种治理机制仍具有一定争议性，需要继续深入研究。

2）供应链契约理论

由于供应链成员企业之间的合作关系是通过签订契约的方式建立的，契约是协调供应链成员关系的核心要素，因此学者们开始将关系契约理论引入供应链理论中（杨德礼等，2006）。Pasternack（1985）最早提出了供应链契约的概念。供应链契约的研究情境局限于在供应链之中探讨批发商、制造商和零售商之间不同的契约方式对供应链绩效的影响。因此，学者们提出了大量的供应链契约模型。整体来看，绝大多数是围绕批发价格契约（wholesale price contract）（Cho and Gerchak，2001；Chen et al.，2000；Anupindi and Bassok，1999；Lariviere and Porteus，2001；Dana and Spie，2001；Narayanan et al.，2005）、回购契约（buy-back contract）（Jeuland et al.，1983；Taylor，2002；Anupindi et al.，2001；Padmanabhan et al.，1997；Dai et al.，2012）、收益共享契约（revenue sharing contract）（Cachon and Lariviere，2005；Kong et al.，2013）、数量弹性契约（quantity flexibility contract）（Eppen and Iyer，1997；Tsay，2002；Plambeck and Taylor，2002；Chung et al.，2014）等4种核心类型展开研究。其中，前两种契约是最早被研究的，也是常见的契约类型，后两种契约分别涉及供应链中的核心内容：成员收益和产品数量。关于供应链契约的实证文献，总体上数量不多。Carr和Pearson（1999）研究发现，成功实施战略采购且拥有完善的供应商评估体系的企业，更倾向于建立长期供应链契约关系。Mortimer（2002）以电子影片租赁行业为例，对供应链契约进行了实证研究，得出了有益的结论。Cohen等（2003）以半导体行业为例，对信息激励在供应链契约中的作用进行了实证研究。Griffith和Myers（2005）研究了信息交换、柔性等关系规则对全球供应链战略适应的影响，发现在不同的文化背景下，关系规则的适用性也不同：日本有较多的信息交换关系可以促进战略适应，但美国则不存在这种关系。Katok和Wu（2009）利用实验方法比较了批发价格契约、回购契约和收益共享契约三者的区别，发现回购契约和收益共享契约较批发价格契约的供应链效率有所改进，但改进幅度小于理论预测。Davis（2015）同样利用实验方法比较了批发价格契约、回购契约和收益共享契约三个模型，发现具体参数的设定和系统协调的偏见是契约之间产生差异的原因。Sluis和Giovanni（2016）以欧洲企业为例，通过实证研究发现供应链契约的选择和契约应用程度取决于企业绩效、供应链导向和供应链整合的组合情况。

2.2.2 供应链治理与企业绩效实证研究

Pyke等（2000）通过问卷调查研究发现，企业对客户关注度要高于对供应商的关注度，企业与下游企业沟通较多，而与上游企业沟通较少。Fynes等（2005）对供应链成员企业之间的伙伴关系与供应链绩效进行了实证研究，发现二者具有正相关关系，而且外部竞争环境对二者具有正向调节作用。叶飞和李怡娜（2006）的研究表明，供应链伙伴关系对信息共享具有正向促进作用，信息共享同时与企业运营绩效正相关。邓春平和毛基业（2008）以日本软件业为例，通过实证研究发现，在离岸外包过程中，企业关系规范中的交流因素对关系治理的影响作用要大于信任和弹性因素。赵泉午等（2010）基于中国制造业上市公司数据，对供应链成员企业之间的伙伴关系与企业绩效之间的关系进行了实证研究，结果显示企业和供应商之间的伙伴关系与企业财务绩效正相关，但与运营绩效不相关；而企业和客户之间的伙伴关系与企业运营绩效、财务绩效均为正相关关系。张先敏（2013）通过实证研究发现，战略供应商关系能够促进核心企业采购渠道营运资金管理绩效的提升，战略客户关系能够促进核心企业营销渠道营运资金管理绩效的提升。李艳平等（2016）基于中国制造业上市公司数据，通过实证研究发现，战略供应商关系、战略客户关系对企业现金持有量具有显著影响。

Mentzer（2001）提出了术语“供应链导向”（Supply Chain Orientation），并给出定义：“the recognition by an organization of the systemic, strategic implications of the tactical activities involved in managing the various flows in a supply chain”（在管理供应链的各种流中，组织对战术性活动的系统性和战略性认识）。供应链导向与供应链管理的区别在于，供应链导向是一种战略意图和组织间的关系形态。Mentzer提出了供应链导向与供应链管理关系的模型框架，并在之后的研究中通过结构方程模型对其进行了实证研究（Min and Mentzer，2004；Min et al.，2007）。Mentzer教授的继任者们丰富和完善了供应链导向的理论框架，将供应链导向分为战略供应链导向和结构供应链导向，前者更强调行为导向，后者更强调关系状态，二者完美匹配才能使供应链绩效最大化（Esper et al.，2010）。Patel等（2013）实证分析了战略性供应链与结构性供应链对组织绩效的影响，将战略性供应链导向的变量界定为高层管理的支持（top management support）、承诺（commitment）和组织相容性（organizational compatibility），将结构性供应链导向的变量界定为善意（benevolence）、声誉（credibility）和合作规范（cooperative norms）。不难发现，供应链导向更倾向于关系匹配，也就是供应链成员之间的关系。

在研究供应链管理实践对企业绩效的影响的文献中，多数涉及对关系治理的讨论。Spekman等（1998）以北美、南美和欧洲地区汽车、石油、天然气等5类行业的企业为研究样本进行实证研究，结果表明，信息共享对降低成本和提高客户满意度具有正向影响。Tan（2002）、Tan等（1999）、Kannan和Tan（2005）以美国、加拿大、西欧、日本等国家和地区的汽车、化学、计算机等行业的企业为研究对象进行实证研究，结果表明，供应链评价、供应商参与对企业绩效具有正向影响。Lin等（2005）以台湾、香港的物流、船运行业企业为研究对象，发现供应链参与对组织绩效具有正向影响，但供应商选择与组织绩效负相关。Kim（2006）研究了韩国和日本的消费品、工业原料、电子及机械行业企业的供应链实践，发现供应链整合在供应链管理实践对企业绩效的影响中起到了中介作用，而且大企业和小企业之间具有明显差异。Chavez等（2012）以爱尔兰、美国、英国等国家的涵盖13个制造业的企业为研究对象，将产业按发展速度分为高、低两组，发现信息质量、供应商伙伴关系对供应链弹性具有正向影响。Prajogo等（2012）选取澳大利亚和新西兰制造业和非制造业各50%的企业作为研究样本，发现供应商流程管理与企业运营绩效正相关。另外，Ince等（2013）、Ganeshkumar和Nambirajan（2013）、Qrunfleh和Tarafdar（2014）、Enríquez等（2014）分别从一个国家的不同地区选取制造业企业作为研究样本，对供应链关系对组织绩效的影响进行实证研究，虽然这些研究在变量选取、模型设定及样本数量等方面存在差异，但大部分的研究结论支持了供应链关系与组织绩效正相关的假设。

2.3 基于制度理论的跨国供应链形成研究

2.3.1 制度理论与企业国际化研究

Dimaggio和Powell（1983）从组织社会学的视角研究发现，组织面临不确定性时，会以同构化的方式从利益相关者那里获取制度合法性。早期的组织管理研究受到权变理论的影响较大，大多数研究仍将制度作为环境背景进行处理（Lounsbury et al.，2014）。制度同构化流派的研究改善了这种状况，提出制度的同构化和制度扩散机制，但至今该流派的研究并未流行起来。

以North（1990）为代表的制度经济学派真正繁荣了制度理论的

研究，该流派将制度视作正式和非正式的博弈规则，主要围绕外部的制度环境约束和经营成本等内容深入研究，如对交易成本、代理成本的探讨等。他们还研究企业在不同制度中的适应成本以及如何应对市场不确定性等问题。

Scott（1995）在Dimaggio和Powell研究的基础上，对以往组织社会学派的制度理论进行了拓展，从管制、规范和文化认知等3个维度出发，提出了制度理论系统模型。该模型跨越了学科界限，涵盖了人类社会中几乎所有制度要素，比如与经济有关的政策性制度、政治和法律等规范性制度、社会和文化等认知性制度等。该模型范围的广泛性使其较其他理论更具优势。

Friedland和Alford（1991）拓展了早期关于制度同构化与制度影响的一致性行为的观点，认为组织面临的制度影响是多元的、互相矛盾和互相竞争的。然而，该流派的研究并未受到广泛关注，研究进展缓慢，经过Greenwood等（2011）的推介之后，才有所改善。与前三个流派认为组织只能被动适应外部制度影响的假设不同，该流派认为组织可以主动采取策略应对多重制度的压力。该流派的学者们认为，组织所面临的环境纷繁复杂，而且千变万化，环境的变化对组织产生重要影响，企业被动适应环境的结果是不断地妥协、退让，最终影响组织的长期发展，因此组织不应受环境的制约，应该主动出击，根据所处的环境、自身特点和优势，积极创造有利条件，采取相应策略实现所追求的目标。

上述流派的比较见表2-2。

表2-2　　　　制度理论的不同流派比较

流派	核心假设	核心观点	制度分类	起步与流行时间	代表文献
制度同构化	组织面临制度压力时，需要获取来自规则、规范和认知等三个方面的合法性才能获得生存和发展	为了获取合法性，组织需要选择与组织场域内相一致的行动	规制同构、规范同构、认知同构	起步于20世纪80年代早期，目前以象征性、礼仪性引用为主	Dimaggio 和 Powell（1983）
制度经济学	制度是博弈规则，不同的制度安排有不同的效率	效用最大化的制度安排被保留和选择	正式制度、非正式制度	起步于20世纪90年代早期，目前影响较大	North（1990）
制度社会学	制度是象征性的认知、规范及行为系统体系，组织适应制度才能获得合法性	组织行动与合法性需求一致	管制制度、规范制度、认知制度	起步于20世纪90年代中期，目前影响较大	Scott（1995）
制度逻辑	组织面临多重制度逻辑，这些逻辑之间是相互共存、相互矛盾和相互竞争的	组织不是制度的被动适应者，可主动选择不同策略应对多重制度逻辑的挑战	多重制度逻辑	起步于20世纪90年代后期，2008年开始流行，目前仍在不断发展中	Greenwood等2011）

资料来源：作者根据相关文献整理。

Delios和Beamish（1999）、Brouthers（2002）最早将制度理论引

入企业国际化研究，2005年以后，这类研究呈现快速增长趋势。Kiss等（2012）发现制度理论是新兴经济体新创企业国际化研究使用最多的理论视角。主要原因是中东欧国家等转型经济体的深刻制度变革（Meyer，2001），以及全球化背景下企业跨国经营活动的深度和广度不断增加等（Kostova and Zaheer，1999）。企业国际化战略选择是组织和制度动态交互作用的结果（Yamakawa et al.，2008）。尽管如此，制度理论对企业国际化现象的解释力仍是有限的，因此，制度理论有时需要与传统国际化理论、交易费用理论、资源基础观、代理理论等综合起来使用（黄胜等，2015）。近年来，运用制度理论对企业国际化战略决策进行解释的研究越来越多，尤其是对中国投资决策的研究显著增多。Yamakawa等（2008）认为政府支持已有企业而歧视新创企业的做法将促进当地企业的国际化。Buckley和Clegg（2007）的研究发现，中国吸引外国直接投资的宽松政策促进了中国的对外直接投资。东道国良好的制度环境对企业国际化可能更具吸引力，但部分研究则得出了不同的结论。例如，Buckley和Clegg（2007）、Cuervo-Cazurra和Genc（2008）的研究。此外，追求合法性也是影响企业国际化战略决策的重要驱动因素（Bangara et al.，2012）。

2.3.2 制度环境与跨国供应链研究

近年来，学者们逐渐认识到制度环境是有层次的，它具体包括三个层次：地方、国家和国际。地方层次是一个国家中的各个地区。在国家层次的研究中，跨国企业一般受到母国和东道国双重制度环境的影响，但现有文献绝大多数只从母国或东道国一个角度研究，很少从两个角度同时研究。国际层次的研究涉及国家与国家之间的联系及特有制度，如经济区域制度、国家间投资协定等。经济区域制度是一个区域内所包含国家间的经济制度安排（Arregle et al.，2013），如“一带一路”，尽管这个区域与美国自由贸易区、欧盟和东盟等经济区域不同，但仍可以将共建“一带一路”国家理解为一个合作区域。

跨国供应链具有多国制度环境的差异性，这是跨国企业面临的客观实际，对跨国供应链的形成具有重要影响。制度理论的观点认为，企业的成功和失败都取决于不同的游戏规则（North，1990）。游戏的正式和非正式规则，也就是制度，是决定国际化环境下企业经营绩效的重要因素，因此它也决定了企业的战略行为，即采用何种跨国供应链形式（Dunning，1977；Peng，2003）。Toulan（2002）通过实证研究证明，经济的开放度和市场的自由度决定跨国公司是采取纵向一体化的方式还是采取外包的方式获取资源。Arndt（1997）研究发现，在国际贸易中，国家之间或者区域经济一体化中的贸易协定等制度性安排，在消除或者减少一些贸易壁垒的同时，使国家之间的生产更加分散化。Coeurderoy 和 Murray（2008）、García-Canal 和 Guillén（2008）认为，随着国际化经验的积累，跨国企业的风险厌恶倾向越严重，东道国的政治稳定性越差对这些跨国企业区位选择的负向影响就越大。张会清和唐海燕（2012）研究发现，发展中国家的劳动力成本和交易成本对发包方的区位决策具有显著影响，低技术的外包业务更偏好劳动力成本也低的国家或地区，高技术的外包业务则更偏好提供高质量服务的国家或地区，以节约交易成本。刘文革等（2018）基于APEC国家的实证研究发现，产权制度、经济制度和宏观政治制度对跨国供应链效率具有直接的影响。对于跨国公司而言，正式和非正式制度的强制力主要来自母国和东道国，而国际性和区域性组织，如世贸组织、国际货币基金组织和欧盟等，对跨国公司经营行为的影响有时也是至关重要的（宋华和贾景姿，2014）。

2.4 共建“一带一路”情境下的相关研究

共建“一带一路”倡议自2013年提出之后，各国学者对“一带一路”有关问题的关注度逐渐升温，研究成果不断增多。由于中国是倡议国和发起国，所以中国学者对“一带一路”相关问题的研究数量最多。以下重点对国内外智库及学者有关“一带一路”的研究进行综述。

2.4.1 国外学者对“一带一路”的研究

据国家信息中心“一带一路”大数据中心的数据①，从关注度和发表文献数量来看，在共建“一带一路”倡议提出后的几年，美国智库对“一带一路”关注度最高，其次是欧洲智库。在关注度排名前10位的智库中（见表2-3），美国智库有5个、欧洲智库有4个，其发表文献数量占国外文献总数量的近80%。从研究内容来看，亚洲基础设施投资银行（Asian Infrastructure Investment Bank，简称亚投行）、共建“一带一路”国家与中国双边关系、人民币国际化是国外智库研究的焦点，约有一半的文献研究亚投行的运营管理问题。在双边关系方面，中俄关系、中印关系是关注重点。近年来，美欧智库主要关注的议题包括：新冠疫情与共建“一带一路”倡议、国际规则与共建“一带一路”倡议、国际责任与共建“一带一路”倡议、地缘政治与共建“一带一路”倡议、共建“一带一路”倡议对各地区的影响以及美国如何应对共建“一带一路”倡议等。总体而言，美国智库对共建“一带一路”倡议以负面认知为主，普遍认为共建“一带一路”倡议是中

① 该数据来自130余个国外智库和30余个国内智库，该数据中心分析汇总了2 400篇国内外智库关于“一带一路”的研究文献，其中包括800篇国外文献、1 600篇国内文献。

国争夺世界霸权的工具，是中国获得参与国资源的重要手段，是输出中国发展模式的路径（王向阳，2021）。

表2-3　　　　国外对“一带一路”关注度前10名智库

关注度排名	智库名称	所属国家	研究重点
1	CSIS	美国	亚投行对中国的挑战、中国周边外交关系
2	ECFR	英国	共建“一带一路”倡议对欧洲的意义、中国与阿富汗关系
3	WEF	瑞士	亚投行运营
4	CFR	美国	中日关系、中印关系、美对华战略调整
5	LIIP	澳大利亚	亚投行成员、澳大利亚加入亚投行
6	IISS	英国	亚太安全
7	PIIE	美国	人民币国际化
8	BI	美国	美国盟友加入亚投行后美国应对之策
9	CEIP	美国	中俄关系、中印关系
10	RIIA	英国	中英关系、欧盟对华政策

注：智库名称的含义具体为：CSIS——美国战略与国际问题研究中心；ECFR——欧洲对外关系委员会；WEF——世界经济论坛；CFR——美国对外关系委员会；LIIP——洛伊国际政策研究所；IISS——伦敦国际战略研究所；PIIE——彼得森国际经济研究所；BI——布鲁金斯学会；CEIP——卡内基国际和平基金会；RIIA——皇家国际事务研究所。

除欧美发达国家智库外，共建“一带一路”国家学者对共建“一带一路”倡议研究的主题包括以下几个方面：一是共建“一带一路”倡议的本质内涵。新加坡国立大学郑永年（2017）指出共建“一带一路”倡议是中国在现有国际体制内向国际社会提供的公共产品，发挥了倡议和引导作用，其参与和行动规则不是由中国单方面制定、其他国家被动接受的，而是各国在商议的基础上一同书写的。尼日利亚中国研究中心Charles Onunaiju（2017）认为，共建“一带一路”倡议不是推进霸权主义和大国沙文主义的地缘政治战略，而是一项已经得到了全球认可、正处在合作进程之中的国际公共产品。二是共建“一带一路”倡议的建设目标研究。印度尼西亚国际战略研究中心Jusuf Wanandi认为当前全球治理体系存在巨大缺陷和不足，在推动世界发展的实践中已经力不从心，亟须变革和完善，而中国提出的共建“一带一路”倡议正是当前国际治理体系的重要创新。[①]三是共建“一带一路”倡议的国际影响研究。欧洲复兴开发银行董事Mattia Romani指出，共建“一带一路”倡议是全球化的新尝试，它遵从联通各国经济、人民的价值观和原则，这些都是具有中国特色全球化的基础。[②] Rastogi和Arvis（2014）指出，21世纪的一个决定性特征是欧亚大陆从太平洋到大西洋、从北冰洋到印度洋的一体化，其中交通运输成本的降低和通信条件的改善构成了推动欧亚大陆一体化的重要动力。共建“一带一路”倡议提出后，一个由铁路线、高速公路、深水港和机场等大规模公共基础设施组成的相互联系的欧亚大陆正在由理想变为现实。

总之，共建“一带一路”国家的绝大多数学者对共建“一带一路”倡议能够理性分析，并表示认同和支持。但是，欧美国家部分学者由于对中国历史、文化价值观知之甚少，而且受政治立场、意识形态、国际环境等因素的影响，对共建“一带一路”倡议持负面态度，意在阻遏中国和平崛起（姚立兴，2020）。同时，欧美国家也有部分

① 转引自：余谦梁，郑世波．“一带一路”是当前国际治理体系的重要补充——访印尼国际战略研究中心联合创始人林绵基［N］．解放军报，2019-04-23（07）．

② SUN C. EBRD Official: The Belt and Road Initiative Is Globalization 2.0［EB/OL］．(2019-04-26)［2024-11-09］． http: //www. cnfocus. com/ebrd-official-the-belt-and-road-initiative-is-globalization-2/.

学者对共建“一带一路”倡议持支持或者不排斥立场，如美国华盛顿智库全球安全研究所（IAGS）联席所长、美国能源安全理事会高级顾问Gal Luft（2017）认为西方发达国家应将共建“一带一路”倡议作为和中国全面对话与合作的新平台。

2.4.2 中国学者对“一带一路”的研究

据国家信息中心“一带一路”大数据中心的数据，在我国参评的100多个智库中，从所属地域看，70%的智库设在北京，其次是上海、广东、福建等东南沿海地区，以及甘肃、宁夏、陕西等西北地区。从所属类型看，国家级智库占比最大，为37.5%，其次是社会智库、高校智库和地方性智库，占比分别为25.8%、20.8%和15.8%。从研究领域看，行业和专业领域的“一带一路”相关智库开始发力，如中国旅游研究院、中国电子商务研究中心等。从研究成果看，国家级智库是“一带一路”研究成果发布主体，成果数量占所有参评智库发布的“一带一路”相关研究成果的60%以上。从成果形式看，论文是大多数智库发布“一带一路”研究成果的主要形式，在其研究成果中占比均超过80%；此外，社会智库相对倾向于发布报告与专著。以中国知网为数据库，以“一带一路”为主题词，截至2022年8月13日，检索到文献共计119 406篇。从发表年份来看，2013年以来文献量不断增多，2017—2019年发表文献量年均超过2万篇。从研究主题来看，“一带一路”、“一带一路”背景、“一带一路”倡议、共建“一带一路”、共建“一带一路”国家等主题发表文献数量超过2 000篇。从学科分布来看，经济体制改革、贸易经济、工业经济、中国政治与国际政治、金融、企业经济、宏观经济管理与可持续发展、高等教育、交通运输经济等学科发表文献数量均超过总量的3%。从研究层次来看，政策研究和应用研究所占比例较高，其次是行业研究和管理研究，其他层次所占比例较低。从机构分布来看，发文数量较多的是中国人民大学、对外经济贸易大学、吉林大学和武汉大学等。

中国对“一带一路”关注度较高的智库中，国家级智库发表的成果具有代表性的如：外交部直属的中国国际问题研究院出版的《“一带一路”与欧亚空间》、国务院发展研究中心出版的《“一带一路”基础设施投融资机制研究》、商务部国际贸易经济合作研究院出版的《中国“一带一路”年鉴》和《中国“一带一路”贸易投资发展报告》、中国社会科学院出版的《“一带一路”建设发展报告》、国家发改委直属的国家信息中心出版的《“一带一路”大数据报告》、文化和旅游部直属的中国旅游研究院发布的《“一带一路”旅游大数据报告》等。高校智库具有代表性的成果如：中国人民大学重阳金融研究院出版的《“一带一路”：机遇与挑战》和《“一带一路”：中国崛起的天下担当》等、北京大学海洋研究院发布的《“一带一路”沿线国家发展“五通”指数》、华侨大学海上丝绸之路研究院发布的《海丝蓝皮书：21世纪海上丝绸之路研究报告》、复旦大学中国研究院出版的《“一带一路”宏观形势分析图集》、上海外国语大学中东研究所出版的《中东地区发展报告：“一带一路”建设与中东（2015—2016）》、西北大学中东研究所出版的系列图书《“一带一路”国别概览》等。社会智库具有代表性的成果如：中国与全球化智库出版的《“一带一路”的国际合作共赢方案及实现路径》、盘古智库出版的《“一带一路”节点国家态度研究：下一个黄金时代》、中国国际经济交流中心出版的《“一带一路”：倡议与构想》等、中国金融四十人论坛出版的《“一带一路”金融大战略》、“一带一路”百人论坛发布的《“一带一路”年度报告》等。地方性智库具有代表性的成果如：上海社会科学院出版的系列图书《“一带一路”国别研究报告》、上海国际问题研究院发布的《“一带一路”疫苗伙伴：中国疫苗的国际生产和供给》、广东国际战略研究院发布的《21世纪海上丝绸之路建设2020年度研究报告："一带一路"数字经济合作》、四川省社会科学院出版的《中国各省市参与"一带一路"研究》、广东省社会科学院发布的《"一带一路"框架下粤港澳合作的新动力、新领域、新机制》等。

从国内智库对"一带一路"的关注度来看，绝大多数智库专家对"一带一路"高度关注，而且对"一带一路"持积极乐观的态度。从智库专家的学科背景来看，从事国际政治、国际经济研究的专家发表文献较多，而且以高校教师为主。从研究内容来看，智库专家的研究范围逐步拓宽，政府智库多以宏观政策和战略决策委托研究主题，高校智库则更多以专业理论为基础，以国家、行业、企业等不同主体为研究对象，对"一带一路"涉及的问题均有研究。与政府和高校的智库相比，社会智库的研究内容更侧重服务企业"走出去"，特别注重海外企业的经验总结及风险应对等。

与国外智库类似，中国智库对"一带一路"的研究基本代表了中国学者的认识和观点，而且智库专家以高校教师或专业研究人员为主，总体上国内智库在宣传共建"一带一路"倡议、促进文化交流方面发挥着重要作用。但是，"一带一路"智库研究与建设依然面临诸多问题：以"一带一路"为研究主题的智库在术业专攻方面仍呈现博而不精、研而不透的局面；专家队伍建设亟待规范化，能够抓住痛点、瞄准现实、做出深度、提供方案的专家严重不足；智库机构大多来自官方，民间力量不易介入；独力研究多、合力研究少，已有的交流合作相对浅表化、随机化，缺乏深度、精准、切实解决问题的合作研究等。以上问题影响并制约共建"一带一路"的实际效果，各类智库应以补齐上述短板为目标，聚焦我国及国际社会面临的突出问题，深入调查研究，点穴式解决共建"一带一路"中的重大问题（赵磊、蒋正翔，2019）。

2.5 对已有文献的评述

2.5.1 对已有研究文献的评述

1）企业国际化与跨国供应链形成的研究

根据企业国际化阶段理论，随着企业国际化经验的积累，其国际化阶段将由简单出口逐步发展到外包和投资生产，企业海外绩效不断提高。该理论发展已较为成熟，而且已有国外研究证实了企业国际化对跨国供应链的形成具有一定促进作用，这为本书研究共建“一带一路”国家企业国际化对跨国供应链形成的影响奠定了理论基础。但是，有关共建“一带一路”国家企业国际化与跨国供应链之间关系的研究还不多，由于部分共建国家企业国际化经验不足，该理论的解释力如何尚待考证。

2）关系契约与跨国供应链形成的研究

从研究范式来说，对供应链契约的研究较多的是采用模型分析法，运用博弈论讨论供应商与客户之间的契约问题。研究发现，不同的供应链契约对协调供应链关系进而对供应链绩效的影响具有显著差异，表明供应链契约对跨国供应链形成起到决定性作用，这为进一步研究共建“一带一路”中跨国供应链形成机制奠定了理论基础。在丝绸之路经济带情境下，供应链治理是不是跨国供应链形成机制中的核心要素，需要进一步考证，而且本研究通过实证研究范式，对供应链治理的作用进行检验，对供应链契约的实证研究将起到一定补充作用。

3）制度环境与跨国供应链形成的研究

在已有研究文献中，关于制度环境对跨国供应链的影响缺乏定论，部分研究结论相反，这为运用制度理论解释不同制度层次的供应链带来了一定困难。正是母国与东道国之间的正式制度与非正式制度差异，以及各国对事务的认知、管制与规范等的差别，导致不同经济区域的制度环境千差万别。共建“一带一路”国家环境异常复杂，已有文献的研究结论各异，主要囿于数据以及研究方法，本研究试图克服以上困难，找到具有普适性的基本观点，尝试构建解释“一带一路”跨国供应链形成的理论。

2.5.2 有待进一步研究的问题

1）共建“一带一路”情境下企业国际化对跨国供应链形成的影响问题

按照企业国际化阶段理论，企业国际化对跨国供应链的形成具有正向影响，国际化程度越高，越有利于跨国供应链的构建。该理论是基于西方发达国家的企业实践提出的，对共建“一带一路”中的发展中经济体是否适用还是未知数。中东欧国家和中国等仍处于经济转型期，对新兴经济体企业国际化的研究还有待深入。本研究将构建企业国际化与跨国供应链关系的理论模型，以中国制造业上市公司为样本，观察在共建“一带一路”倡议提出之后，中国企业国际化对跨国供应链关系的影响。研究目标包括两个方面：一是检验企业国际化阶段理论对该问题的解释力；二是试图找出共建“一带一路”中影响跨国供应链形成的微观动力。

2）供应链治理对共建“一带一路”中跨国供应链形成的影响机制问题

关系契约理论指出，企业与供应商、客户之间的长期伙伴关系需要一定的关系治理机制才能维持。而供应链成员之间长期伙伴关系的建立，不仅需要较长时间的博弈磨合，而且需要一套完善的供应链治理机制。共建“一带一路”国家之间的跨国供应链与西方国家的有较大差异，由于部分共建国家市场经济体制不完善，为建立供应链合作伙伴关系，企业之间的合作关系将远远大于竞争关系。因此，采取合理的治理机制在跨国供应链形成过程中将发挥决定性的作用。为检验这一假设，本研究将构建相应的理论模型，检验共建“一带一路”情境下跨国供应链形成的治理机制。

3）共建“一带一路”中制度环境对跨国供应链形成的影响问题

已有研究表明，制度环境对跨国供应链形成具有重要影响，但不同环境因素的影响存在较大的争议。共建“一带一路”国家的制度环境对跨国供应链形成起到直接影响作用，随着共建“一带一路”不断向纵深发展，共建国家环境可能会发生变化，对此，本研究将立足共建“一带一路”研究情境，在已有文献的基础上，构建相应的环境变量指标体系，验证共建国家制度环境对跨国供应链形成的综合影响。

第3章

共建“一带一路”与跨国供应链形成的关联分析

供应链是一个企业微观层面的概念，但当一个国家强大到要走向全球化时，供应链就上升为国家战略。一战以前的英国就是这样，二战以后的美国更是利用供应链去推动全球化（蔡进，2016）。共建“一带一路”是由中国倡议的一个推动世界各国各地区全球化进程的宏伟蓝图和愿景，对内是加强中国对外开放，促进全方位开放格局形成的整体部署；对外是中国加强与亚洲、欧洲和非洲等国家合作的倡议。因此，共建“一带一路”对内是中国的全球化方案，对外是中国开展国际合作的倡议。参与共建“一带一路”的各个国家或地区跨国公司的深度合作，能够推动跨国供应链的形成（丁俊发，2016）；同时，跨国供应链的形成又能促进各个国家或地区的全球化进程。这两者之间具有相辅相成、共生共赢的耦合关系。

3.1 共建“一带一路”背景分析

2013年9月7日，中国国家主席习近平在出访哈萨克斯坦期间，在哈萨克斯坦纳扎尔巴耶夫大学发表重要演讲，提出了携手丝绸之路沿线国家共同建设丝绸之路经济带的倡议，并系统阐述了加强政策沟通、道路联通、贸易畅通、货币流通、民心相通的具体做法。2013年10月，习近平主席在出访印度尼西亚期间，在国会发表重要演讲，提出了携手东南亚各国共同建设21世纪“海上丝绸之路”的倡议。以上两项倡议逐步被统称为“一带一路”。2013年11月，中国共产党第十八届中央委员会第三次全体会议召开，将“推进丝绸之路经济带、海上丝绸之路建设，形成全方位开放新格局”写入了《中共中央关于全面深化改革若干重大问题的决定》。2015年3月28日，中国政府正式发布了《推动共建丝绸之路经济带和21世纪海上丝绸之路的愿景与行动》。

3.1.1 共建“一带一路”目标与思路

从中国和国际两个角度来看，共建“一带一路”具有两大目标：第一，共建“一带一路”是中国构建全方位开放新格局、深度融入世界经济体系的全球化方案。第二，共建“一带一路”将推动共建国家基础设施建设，促进共建国家之间的互联互通，改善国际贸易和国际物流环境，加快共建国家经济全球化的步伐，全面推动共建国家在政治、经济、文化等领域充分合作，使世界各大洲联系在一起，实现全球经济的繁荣发展。

“一带一路”贯穿亚欧非大陆，从东亚经济圈到欧洲经济圈，辐射的区域非常大，如中亚地区、东欧地区、东盟地区的国家均处于经济快速发展或转型时期，这些国家的经济具有较大的提升空间。丝绸之路经济带具有重要的区域指向，即欧亚经济区（邹磊，2015）。当然，这是重要的建设方向，实际上，从中国的喀什至巴基斯坦的陆上通道能够使中国与东盟联系起来，从而与海上丝绸之路连接。根据共建“一带一路”倡议的延伸方向和辐射范围，共建国家将以陆海内外联动、东西双向互济的立体通道网络为依托，重点围绕六大国际经济合作走廊（中蒙俄、新亚欧大陆桥、中国-中亚-西亚、中国-中南半岛、中巴、孟中印缅经济走廊）深化务实合作。中国政府将通过基础设施互联互通、政策规则衔接、发展项目对接，推动与共建国家实现更高水平的合作共赢。

3.1.2 共建“一带一路”原则与范围

根据中国政府的倡议，共建“一带一路”将遵守以下五项建设原则：一是严格遵守联合国有关国际规则。中国政府提出，共建“一带一路”要遵守和平共处五项原则，这是处理国与国之间关系的最基本的规范和准则。二是坚持开放合作。共建“一带一路”是中国基于古丝绸之路提出的现代经济全球化的中国方案，不限制和拒绝任何国家的加入，这不仅是开放合作的姿态，更是中国坚持的一种原则。三是坚持和谐包容。中国拥有五千年的灿烂文明，兼容并包、和衷共济一直是中国文化的精髓所在，因此，这是中国处理国与国关系的一种胸怀和气度，也是处理国际事务的基本原则之一。四是坚持市场运作。中国坚持市场经济建设的决心体现在方方面面。中国共产党第十八届中央委员会第三次全体会议确立了市场在资源配置中起决定性作用的发展理念，这不仅体现了中国与国际接轨的决心，而且是中国遵循市场规律和国际通行规则的一种进步。五是坚持互利共赢。在国际事务中，中国时刻做到兼顾各方利益和关切，始终以利益契合点和合作最大公约数为遵循，并将其作为一项重要的原则。

“一带一路”作为一个开放的合作平台，它的地理范围不局限于古丝绸之路，但是作为经济带，必须以相应的地域范围为基础，因此，“一带一路”也有其基础的地域范围（胡鞍钢等，2014）。“一带一路”以古丝绸之路为基础，将中国作为起点，向西分别延伸至三个重点区域，具体包括：一是中国经中亚、俄罗斯至欧洲（波罗的海）区域，沿线包括哈萨克斯坦、吉尔吉斯斯坦、塔吉克斯坦、乌兹别克斯坦和土库曼斯坦等中亚5个国家，以及波罗的海沿岸的瑞典、丹麦、德国、波兰、芬兰、爱沙尼亚、拉脱维亚、立陶宛、俄罗斯等9个国家。二是中国经中亚、西亚至波斯湾、地中海，沿线包括中亚的5个国家，西亚的伊朗、伊拉克、阿塞拜疆、格鲁吉亚、亚美尼亚、土耳其、叙利亚、约旦、以色列、阿富汗、巴勒斯坦、沙特阿拉伯、巴林、卡塔尔、也门、阿曼、阿拉伯联合酋长国、科威特、黎巴嫩、塞浦路斯等20个国家，波斯湾沿岸的伊朗、伊拉克、科威特、沙特阿拉伯、巴林、卡塔尔、阿拉伯联合酋长国和阿曼等8个国家，地中海沿岸的西班牙、法国、摩纳哥、意大利、马耳他、斯洛文尼亚、克罗地亚、波黑、黑山、阿尔巴尼亚、希腊等11个欧洲国家，土耳其、塞浦路斯、叙利亚、黎巴嫩、以色列和巴勒斯坦等6个亚洲国家，以及埃及、利比亚、突尼斯、阿尔及利亚、摩洛哥等5个非洲国家。三是中国至东南亚、南亚、印度洋，沿线包括越南、老挝、柬埔寨、泰国、缅甸、马来西亚、新加坡、印度尼西亚、文莱、菲律宾、东帝汶等11个东南亚国家，以及不丹、尼泊尔、印度、巴基斯坦、孟加拉国、斯里兰卡、马尔代夫等7个南亚国家。以上区域仅是地理上的基础范围，在共建“一带一路”过程中，地理范围已经广泛扩展。截至2023年9月，中国已同152个国家和32个国际组织签署了200多份共建“一带一路”合作文件，遍布全球五大洲。

3.1.3 共建“一带一路”内容与机制

中国政府倡议共建“一带一路”国家以政策沟通、设施联通、贸易畅通、资金融通、民心相通为主要内容，加强合作，实现共同发展，互利共赢。具体可从以下五个方面来看：

第一，政策沟通的核心在于政府间协作，其本质是中国主动释放的国际合作信号，而非强制推行统一范式。在当今世界变乱交织背景下，构建常态化的政府间政策对话与协作机制显得尤为重要，通过持续深化的政策对接，既能展现中国方案的包容性特质，也可为区域及全球治理注入稳定预期。。

第二，设施联通更加强调物流通道网络的通畅。基础设施互联互通是共建“一带一路”的优先领域，这主要是从基础设施的基础性和先导性来说的（见表3-1）。基础设施的联通度决定着亚欧两个经济圈能否通过陆上国际通道联系起来，其中既有共建国家国内基础设施建设问题，也有基础设施互联互通中技术标准的统一问题。

表3-1　　按部门和地区统计的2010—2020年亚洲基础设施投资总需求　　单位：亿美元

部门	东亚和东南亚	南亚	中亚	太平洋岛国	合计
电力	31 825	6 537	1 672	—	40 034
电信	5 248	4 357	786	11	10 402
交通	15 936	11 961	1 045	44	28 986
机场	577	51	14	1	643
港口	2 152	361	54	—	2 567
铁路	161	128	60	0	349
公路	13 048	11 422	917	43	25 430
供水和环卫设施	1 713	851	234	5	2 803
合计	54 722	23 706	3 737	61	82 226

资料来源：BHATTACHARYAY B N. Estimating demand for infrastructure, 2010-2020［M］// BHATTACHARYAY B N, KAWAI M, NAG R. Infrastructure for Asian connectivity. Cheltenham: Edward Elgar Publishing, 2012: 35.

第三，贸易畅通的重点是要解决投资贸易便利化的问题，这是从政府层面来说的，如关税、非制度性贸易壁垒等。同时，贸易畅通还要解决中国企业与共建国家企业之间的合作问题，加强企业自身能力和竞争力，共同把“一带一路”市场的蛋糕做大（高志刚，2014；郭爱君等，2014）。

第四，资金融通主要解决经贸合作的金融支撑问题。为深化共建国家之间的合作，中国倡导成立了亚投行以及丝路基金等专项投资基金，从根本上解决了金融支撑问题。另外，加快人民币与共建国家货币的互换也是促进企业之间合作的重要支撑。

第五，民心相通更多体现在共建国家之间的文化交流和人员往来等方面。人员流动是经济、贸易等各方面合作的基础，加强人员往来对共建“一带一路”的顺利开展至关重要。因此，共建国家之间广泛开展文化交流、学术往来、人才交流合作等，能够为深化双多边合作奠定坚实的民意基础。

共建“一带一路”倡议是中国提出的全球化方案，对中国国内各区域的要求各有重点，对外强调的是区域合作机制。所以，共建“一带一路”的建设机制包括两个方面：一是中国国内各区域如何通过共建“一带一路”实现经济全球化的目标；二是如何建立和完善中国与共建国家之间的双边、多边合作机制。对中国国内而言，共建“一带一路”机制是各区域立足自身发展实际，利用共建“一带一路”的平台，积极融入全球经济体系之中，提升对外贸易和对外投资的水平和能力。对国外而言，第一是建立和完善双边合作机制，如发挥现有联委会、混委会、协委会、指导委员会、管理委员会等双边机制作用，联合研究合作规划、协调推动合作项目。第二是建立和完善多边合作机制，推动共建“一带一路”国家更广泛的合作。例如，充分发挥上海合作组织（SCO）、中国—东盟“10+1”领导人会议、亚太经合组织（APEC）、亚欧会议（ASEM）、亚洲合作对话（ACD）、亚信会议（CICA）、中阿合作论坛、中国—海合会战略对话、大湄公河次区域（GMS）经济合作、中亚区域经济合作（CAREC）等现有多边合作机制作用，相关国家加强沟通，让更多国家和地区参与共建“一带一路”。第三是建立和完善民间交流沟通机制，为共建“一带一路”国家之间的合作创造良好的人文环境。例如，充分发挥现有的各种国际论坛、国际博览会、国际文化交流会等的载体作用，并积极开发新的人文交流机制，促进共建“一带一路”国家之间的文化交流和人员往来。

3.2 共建“一带一路”现状分析

2013年以来，共建“一带一路”倡议以政策沟通、设施联通、贸易畅通、资金融通和民心相通为主要内容扎实推进，取得了一批标志性成果，共建国家得到了实实在在的好处，对共建“一带一路”的认同感和参与度不断提升。

3.2.1 政策沟通方面

政策沟通是共建“一带一路”的重要保障，是形成携手共建行动的重要先导。10多年来，中国与有关国家和国际组织充分沟通协调，形成了共建“一带一路”的广泛国际合作共识。共建“一带一路”倡议及其核心理念已写入联合国、二十国集团、亚太经合组织、上海合作组织以及其他区域组织等的有关文件中。共建“一带一路”不断巩固、扩大合作范围，截至2023年9月，中国已与152个国家、32个国际组织签署200多份合作文件，战略规划对接日益深化。中国与绝大多数国家建立了各类伙伴关系，其中建立全面战略伙伴关系的国家最多（见表3-2）。共建“一带一路”在专业领域的对接合作有序推进。例如，2017年12月3日，中国与老挝、沙特阿拉伯、塞尔维亚、泰国、土耳其、阿拉伯联合酋长国等国家共同发起《“一带一路”数字经济国际合作倡议》，与16个国家签署加强数字丝绸之路建设合作文件。推进“一带一路”建设工作领导小组办公室印发《标准联通共建“一带一路”行动计划（2018—2020年）》，中国与49个国家和地区签署85份标准化合作协议。中国与49个共建国家联合发布《关于进一步推进“一带一路”国家知识产权务实合作的联合声明》等。

表 3-2 **中国与共建“一带一路”国家伙伴关系状况**

序号	国家	伙伴关系级别	提升年份
1	印度尼西亚	全面战略伙伴关系	2013
2	马来西亚	全面战略伙伴关系	2013
3	印度	发展伙伴关系	2014
4	东帝汶	全面合作伙伴关系	2014
5	马尔代夫	全面友好合作伙伴关系	2014
6	蒙古国	全面战略伙伴关系	2014
7	埃及	全面战略伙伴关系	2014
8	卡塔尔	战略伙伴关系	2014
9	新加坡	全方位合作伙伴关系	2015
10	哈萨克斯坦	全面战略伙伴关系新阶段	2015
11	巴基斯坦	全天候战略合作伙伴关系	2015
12	亚美尼亚	友好合作关系	2015
13	约旦	战略伙伴关系	2015
14	沙特阿拉伯	全面战略伙伴关系	2016
15	伊朗	全面战略伙伴关系	2016
16	波兰	全面战略伙伴关系	2016
17	塞尔维亚	全面战略伙伴关系	2016
18	乌兹别克斯坦	全面战略伙伴关系	2016
19	伊拉克	战略伙伴关系	2016
20	捷克	战略伙伴关系	2016
21	以色列	创新全面伙伴关系	2017
22	匈牙利	全面战略伙伴关系	2017
23	塔吉克斯坦	全面战略伙伴关系	2017
24	吉尔吉斯斯坦	全面战略伙伴关系	2018
25	科威特	战略伙伴关系	2018
26	阿拉伯联合酋长国	全面战略伙伴关系	2018
27	阿曼	战略伙伴关系	2018
28	俄罗斯	新时代全面战略协作伙伴关系	2019
29	保加利亚	战略伙伴关系	2019
30	塞浦路斯	战略伙伴关系	2021
31	坦桑尼亚	全面战略伙伴关系	2022

续表

序号	国家	伙伴关系级别	提升年份
32	白俄罗斯	全天候全面战略伙伴关系	2022
33	格鲁吉亚	战略伙伴关系	2023
34	安哥拉	全面战略伙伴关系	2024
35	匈牙利	新时代全天候全面战略伙伴关系	2024
36	孟加拉国	全面战略合作伙伴关系	2024

资料来源：根据中国外交部网站发布的声明公告（http：//www.fmprc.gov.cn/web/ziliao_674904/1179_674909/）整理，数据截至2024年7月，为不完全统计。

3.2.2 设施联通方面

设施联通是共建“一带一路”的优先方向。在尊重相关国家主权和安全关切的基础上，由各国共同努力，以铁路、公路、航运、航空、管道、空间综合信息网络等为核心的全方位、多层次、复合型基础设施网络正在加快形成。国际经济合作走廊和通道建设取得明显进展。新亚欧大陆桥、中蒙俄、中国—中亚—西亚、中国—中南半岛、中巴和孟中印缅等六大国际经济合作走廊将亚洲经济圈与欧洲经济圈联系在一起，为建立和加强各国互联互通伙伴关系、构建高效畅通的亚欧大市场发挥了重要作用。基础设施互联互通水平大幅提升，中国、白俄罗斯、德国、哈萨克斯坦、蒙古国、波兰和俄罗斯等7国铁路公司签署了《关于深化中欧班列合作协议》。中欧班列自2011年开通以来，运行车次数量呈现快速增长的态势。据中国国家铁路集团有限公司公布的数据：2011年，中欧班列开通数量仅为17列，2013年以后，在共建“一带一路”倡议推动下，中欧班列运行的车次数量逐年增加。2013年以后，在“一带一路”倡议推动下，中欧班列运行的车次数量逐年增加（如图3-1所示）。2024年，有26个省（自治区、直辖市）累计开行中欧班列19 392列（其中去程10 546列，回程8 846列），累计发送货物207.72万标箱，同比分别增长10%、9%；西部陆海新通道班列全年发送96万标箱，同比增长11%。

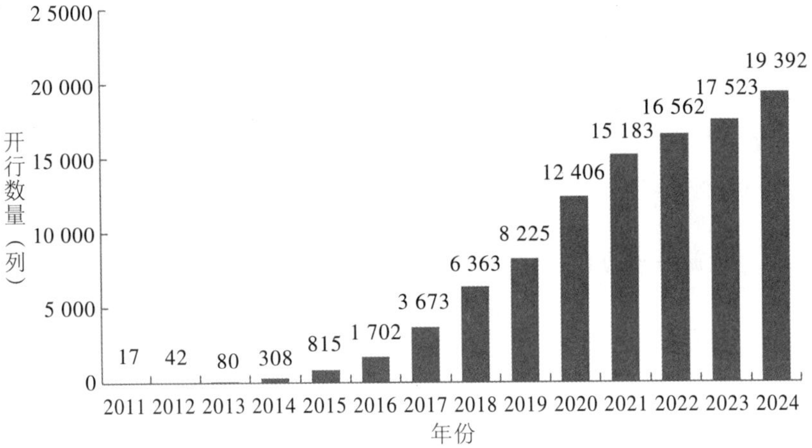

图3-1　中欧班列开行数量变化趋势

资料来源：根据中欧班列网数据资料整理。

如表3-3所示，从主要城市来看，2024年中欧班列开行数量和发送集装箱数量比重大于10%的城市包括西安、成都、重庆和郑州，这4个城市合计开行规模超过1万列，占全国总数的比重达到52.8%。

表3-3　**2024年主要城市中欧班列开行数量和发送集装箱数量**

排名	城市名称	列数	列数比重（%）	发送集装箱数（TEU）	箱数比重（%）
1	西安	3 849	19.9%	411 907	19.8%
2	成都	2 285	11.8%	247 168	11.9%
3	重庆	2 059	10.6%	222 410	10.7%
4	郑州	2 052	10.6%	223 180	10.7%
5	义乌	812	4.2%	87 698	4.2%

续表

排名	城市名称	列数	列数比重（%）	发送集装箱数（TEU）	箱数比重（%）
6	长沙	764	3.9%	82 422	4.0%
7	广州	742	3.8%	80 639	3.9%
8	武汉	742	3.8%	79 608	3.8%
9	沈阳	676	3.5%	72 604	3.5%
10	济南	653	3.4%	67 412	3.3%
11	石家庄	596	3.1%	64 366	3.1%
12	合肥	498	2.6%	53 836	2.6%
13	青岛	345	1.8%	37 112	1.8%
14	苏州	334	1.7%	36 144	1.7%
15	金华	322	1.7%	35 402	1.7%
16	徐州	231	1.2%	23 836	1.2%
17	临沂	206	1.1%	22 016	1.1%
18	大连	189	1.0%	20 594	1.0%
19	宝鸡	186	1.0%	21 044	1.0%
20	哈尔滨	168	0.9%	16 570	0.8%
21	深圳	167	0.9%	18 311	0.9%
22	南京	155	0.8%	15 482	0.8%
23	榆林	143	0.7%	14 186	0.7%
24	长春	141	0.7%	15 770	0.8%
25	赣州	126	0.7%	12 338	0.6%

资料来源：根据中欧班列网数据资料整理。

注：该排名仅针对开行班列数量在100列以上的城市，列数为重箱折算列。

3.2.3 贸易畅通方面

贸易投资合作是共建“一带一路”的重要内容。共建国家着力解决贸易投资自由化便利化问题，大幅消除贸易投资壁垒，改善区域内和各国营商环境，建设自由贸易区，拓宽贸易领域、优化贸易结构，拓展相互投资和产业合作领域，推动建立更加均衡、平等和可持续的贸易体系，发展互利共赢的经贸关系，共同做大做好合作“蛋糕”。据国务院新闻办公室2023年10月发布的白皮书《共建“一带一路”：构建人类命运共同体的重大实践》，2013—2022年，中国与共建国家进出口总额累计19.1万亿美元，年均增长6.4%；中国与共建国家双向投资累计超过3 800亿美元，其中中国对外直接投资超过2 400亿美元；中国在共建国家承包工程新签合同额、完成营业额累计分别达到2万亿美元、1.3万亿美元。2022年，中国与共建国家进出口总额近2.9万亿美元，占同期中国外贸总值的45.4%，较2013年提高了6.2个百分点；中国民营企业对共建国家进出口总额超过1.5万亿美元，占同期中国与共建国家进出口总额的53.7%。截至2023年8月底，80多个国家和国际组织参与中国发起的《“一带一路”贸易畅通合作倡议》。中国与28个国家和地区签署了21个自贸协定；《区域全面经济伙伴关系协定》（RCEP）于2022年1月1日正式生效，标志着全球人口最多、经贸规模最大、最具发展潜力的自由贸易区正式落地。该自由贸易区与共建“一带一路”在覆盖国家和地区、涵盖领域和内容等方面相互重叠、相互补充，在亚洲地区形成双轮驱动的经贸合作发展新格局。中国国际进口博览会是全球首个以进口为主题的国家级展会，截至2024年底已连续成功举办7届，累计意向成交额超5 000亿美元，有2 000多个首发首展商品亮相，参与国别与参与主体多元广泛，成为国际采购、投资促进、人文交流、开放合作、全球共享的国际公共平台。中国进出口商品交易会、中国国际服务贸易交易会、中国国际投资贸易洽谈会、中国国际消费品博览会、全球数字贸易博览会、中非经贸博览会、中国—阿拉伯国家博览会、中俄博览会、中国—中东欧国家博览会、中国—东盟博览会、中国—亚欧博览会等重点展会的影响力不断扩大，有力促进了共建国家之间的经贸投资合作。

3.2.4 资金融通方面

资金融通是共建“一带一路”的重要支撑。中国与共建国家以亚投行、丝路基金等为重点的金融合作不断深入，人民币流动性不断增强，双边投融资便利化程度不断提高。亚投行成为世界银行、亚洲开发银行等多边开发金融机构的重要补充力量（见表3-4）。国际多边金融机构以及各类商业银行不断探索创新投融资模式，积极拓宽多样化融资渠道，为共建“一带一路”提供稳定、透明、高质量的资金支持。多边金融合作支撑作用显现，中国财政部与阿根廷、俄罗斯、印度尼西亚、英国、新加坡等27国的财政部核准了《“一带一路”融资指导原则》，中国人民银行与世界银行集团下属的国际金融公司、泛美开发银行、非洲开发银行和欧洲复兴开发银行等多边开发机构开展联合融资。金融机构合作水平不断提升，中国银行、中国工商银行、中国农业银行、中国建设银行等中资银行与共建国家建立了广泛的代理行关系。中国国家开发银行推动成立中国—中东欧银联体、中国—阿拉伯国家银联体、中国—东盟银联体、中日韩—东盟银联体、中非金融合作银联体、中拉开发性金融合作机制等多边金融合作机制，中国工商银行推动成立“一带一路”银行间常态化合作机制。截至2023年6月底，共有13家中资银行在50个共建国家设立145家一级机构，在131个共建国家的1 770万家商户开通银联卡业务，在74个共建国家开通银联移动支付服务。“一带一路”创新发展中心、“一带一路”财经发展研究中心、中国—国际货币基金组织联合能力建设中心相继设立。中国已与20个共建国家签署双边本币互换协议，在17个共建国家建立人民币清算安排，人民币跨境支付系统的参与者数量、业务量、影响力逐步提升，有效促进了贸易投资便利化。

表3-4　**亚洲基础设施投资银行与其他主要银行的区别**

基本情况	亚洲基础设施投资银行	亚洲开发银行	世界银行
投资领域	公路、铁路、港口、通信、电力电网、油气运输等	农业、卫生、供水、城市发展等	医疗、教育、运输、环境等
投票权比例	中国26.5792%；印度7.5999%；俄罗斯5.9769%	日本12.751%；美国12.751%；中国5.437%	美国15.90%；日本7.47%；中国5.07%
主营业务	援助基础设施建设	贷款、技术援助等	金融产品及服务、贷款援助
资金来源	成员国缴纳的股金、其他多种方式	成员国缴纳的股金、国际市场借款	成员国缴纳的股金、发行债券
主导国家	中国	美国、日本	美国
成员数量	105个	68个	189个
总部所在地	中国北京	菲律宾马尼拉	美国华盛顿

资料来源：[1] 亚洲基础设施投资银行网站（https：//www.aiib.org/），数据截至2022年8月15日。[2] 亚洲开发银行网站（https：//www.adb.org/），数据截至2021年12月31日。[3] 世界银行网站（https：//www.shihang.org/zh/home/），数据截至2021年6月30日。

3.2.5　民心相通方面

民心相通是共建"一带一路"的人文基础。共建"一带一路"倡议提出以来，各国开展了形式多样、领域广泛的公共外交和文化交流，增进了相互理解和认同，为共建"一带一路"奠定了坚实的民意基础。

文化旅游合作丰富多彩。截至2023年6月底，中国已与144个共建国家签署文化和旅游领域合作文件。中国与共建国家共同创建合作平台，成立了丝绸之路国际剧院联盟、博物馆联盟、艺术节联盟、图书馆联盟和美术馆联盟，成员单位达562家，其中包括72个共建国家的326家文化机构。中国与文莱、柬埔寨、希腊、意大利、马来西亚、俄罗斯及东盟等共同举办文化年、旅游年，与共建国家互办文物展、电影节、艺术节、图书展、音乐节等活动及图书广播影视精品创作和互译互播，实施“一带一路”主题舞台艺术作品创作推广项目、“一带一路”国际美术工程和文化睦邻工程，扎实推进亚洲文化遗产保护行动。中国在44个国家设立了46家海外中国文化中心，其中共建国家有32家；在18个国家设立了20家旅游办事处，其中共建国家有8家。

教育交流合作广泛深入。中国发布《推进共建“一带一路”教育行动》，推进教育领域国际交流与合作。截至2023年6月底，中国已与45个共建国家和地区签署高等教育学历学位互认协议。中国了设立“丝绸之路”中国政府奖学金，各省（自治区、直辖市）和香港特别行政区、澳门特别行政区，以及大量高校、科研机构也面向共建国家的留学生设立了奖学金。中国的院校在132个共建国家办有313所孔子学院、315所孔子课堂；“汉语桥”夏令营项目累计邀请100余个共建国家的近5万名青少年来华访学，支持143个共建国家的10万名中文爱好者在线上学习中文、体验中国文化。中国的院校与亚非欧三大洲的20多个共建国家院校合作建设了一批鲁班工坊。

媒体和智库合作成果丰硕。中国与共建国家媒体共同成立“一带一路”新闻合作联盟，积极推进国际传播“丝路奖”评选活动，截至2023年6月底，联盟成员单位已增至107个国家的233家媒体。智库交流更加频繁，“一带一路”国际合作高峰论坛咨询委员会于2018年成立，“一带一路”智库合作联盟已发展亚洲、非洲、欧洲、拉丁美洲合作伙伴合计122家，16家中外智库共同发起成立“一带一路”国际智库合作委员会。

民间交往不断深入。在第二届“一带一路”国际合作高峰论坛民心相通分论坛上，中国民间组织国际交流促进会等中外民间组织共同发起“丝路一家亲”行动，推动中外民间组织建立近600对合作伙伴关系，开展300余个民生合作项目，“深系澜湄”“国际爱心包裹”“光明行”等品牌项目产生广泛影响。60余个共建国家的城市同中国多个城市结成1 000余对友好城市。72个国家和地区的352家民间组织结成丝绸之路沿线民间组织合作网络，开展民生项目和各类活动500余项，成为共建国家民间组织开展交流合作的重要平台。

3.3 共建“一带一路”与跨国供应链形成的关联性

从美国、德国、法国等发达国家的跨国供应链实践来看，跨国供应链形成来自两方面的经验：一方面，通过完善国内基础设施为跨国供应链形成提供有利条件；另一方面，利用市场化手段，通过跨国公司构建跨国供应链体系。美国通过资本全球化战略整合全球资源，在全球供应链中处于链主的地位。德国、法国等欧洲国家通过欧盟建立统一市场，消除贸易壁垒，实现跨国供应链的无缝衔接。由此可见，市场化手段是发达国家构建跨国供应链的主要手段。由于这些发达国家的市场经济体制发育较为完善，其跨国公司在全球竞争优势明显，在跨国供应链中一般具有较强的话语权。共建“一带一路”国家多数属于发展中国家，在全球竞争格局中，这些国家的企业一般处于全球价值链的低端或者根本未参与全球价值链，在全球供应链网络中处于边缘位置，缺乏竞争优势，从供应链中分享的利润非常有限（刘洪铎、陈和，2016）。因此，共建“一带一路”为共建国家尤其是发展中共建国家的企业提供了合作的舞台，跨国供应链的构建将不再是发达国家跨国企业的专利。

中国实施全球化战略的理念是包容、开放、共建人类命运共同体，这预示着参与共建“一带一路”的国家将采取一种不同于西方国家的方式加强合作，共同构建跨国供应链，在全球竞争格局中通过合作追求共同进步。共建“一带一路”是一个区域经济合作的宏伟规划，它既包含各国之间开展合作的宏观制度安排，包含中国国内各地区提升开放水平、促进与共建国家投资贸易合作的详细计划，也包含促进中国企业“走出去”和各国企业来华投资的激励措施。跨国供应链的构建是一种极为复杂的战略安排，它既是共建国家企业的国际化发展战略，也是促进跨国产业链合作、实现产业价值链合理分工的中观战略，还是一种确保各国经济社会发展安全的宏观战略。因此，共建“一带一路”与跨国供应链形成在目标、过程、内容和原则等方面，不仅具有较强的内在关联性，而且是一个相互促进、相互影响、相互耦合的复合系统。

3.3.1 目标的统一性

从中国自身的角度来看，共建“一带一路”是中国融入世界经济体系的全球化方案，从这个意义上来讲，共建“一带一路”本身即中国企业“走出去”和国际化的题中之义。中国企业成功“走出去”并不断提高国际化水平，在一定程度上标志着共建“一带一路”的成功以及跨国供应链的形成。从国际角度来看，共建“一带一路”是中国对世界各国发出的合作倡议，中国将同共建国家开展深度合作，其中包含各国企业之间的深度合作。无论是国家层面的合作还是跨国企业层面的合作，尽管合作的范围不同，但合作的目标都是建立伙伴关系。国家之间建立战略伙伴关系，标志着共建国家在政治上达成了一致性意见，将共同构建利益共同体、责任共同体和命运共同体。跨国企业之间建立供应链伙伴关系，同样标志着供应链成员企业之间达成了契约，利润共享，风险共担。因此，共建“一带一路”与跨国供应链形成的目标具有统一性。

3.3.2 过程的同步性

共建“一带一路”的过程是中国不断融入世界经济体系的过程，也是中国和共建国家开展区域经济合作的过程。从20世纪90年代开始，全球价值链分工体系不断深入，中国凭借要素禀赋和基础设施的比较优势，成为“世界工厂”。“中国制造”虽然遍布全球，但因较低的附加值和科技含量，长期屈居全球价值链的低端，在全球供应链中并没有主导权和话语权。中国企业是嵌入发达国家主导构建的全球供应链之中的，始终处于跟随和学习的阶段，在全球市场出现波动时，利益首先被侵占或排挤，有时甚至面临倒闭、破产的危险。例如，据中国海关统计数据，2015年，中国部分纺织服装企业出现倒闭现象，中国纺织服装出口（包括纺织纱线、织物及制品和服装及衣着配件）总值为2 838.5亿美元，同比下降4.9%。共建“一带一路”将促进中国与共建国家之间的产业链合作，促进全球价值链的重构，这将是一个企业从嵌入全球供应链逐步向主动构建跨国供应链转变的阶段。共建“一带一路”为共建国家之间的合作提供了平台，通过项目合作，企业之间的伙伴关系得以建立。因此，共建“一带一路”与全球供应链形成的过程具有同步性。

3.3.3 内容的耦合性

共建“一带一路”倡议提出以政策沟通、设施联通、贸易畅通、资金融通、民心相通为主，其中，政策沟通是重要保障，设施联通是优先领域，贸易畅通是重点内容，资金融通是重要支撑，民心相通是社会根基。国家之间的政治互信是企业开展深入合作、构建跨国供应链的前提条件。共建“一带一路”国家的设施联通是提升国际物流效率的重要保障，例如中国与中亚、西亚各国的设施联通将促进中国向西开放水平的提高，有利于中国企业“走出去”与外国企业“引进来”。贸易畅通包括投资贸易便利化、拓宽贸易领域、拓展投资领域、优化产业链分工布局等主要内容，这些内容也是构建跨国供应链的关键内容。降低通关成本、减少非关税壁垒、积极探索新的商业业态和投资贸易合作模式、推动产业集群发展等，是跨国供应链形成的重要途径。资金融通是跨国供应链形成的重要支撑条件，能有效降低企业经营成本和供应链管理成本。民心相通能够缩短供应链成员企业之间的文化距离，是跨国供应链稳定、高效运行的基础和保障。因此，共建“一带一路”与跨国供应链形成的内容具有耦合性。

3.3.4 原则的一致性

共建“一带一路”倡议提出要遵循五项原则：恪守联合国宪章的宗旨和原则、坚持开放合作、坚持和谐包容、坚持市场运作、坚持互利共赢。以上五项原则对国家而言，无论是开放合作还是市场运作，更多体现在制度性安排方面。实际上，跨国供应链的构建也是一种制度性安排，不能将跨国供应链仅仅理解为跨国企业的事务，共建“一带一路”中的跨国供应链更多体现在各国政府的制度安排上。例如，汇率、关税、通关、物流通道网络等不是跨国企业能够左右的。共建

"一带一路"国家多数为发展中国家，市场化水平还不高，政府在经济发展中的作用非常关键，有时对跨国供应链的构建起着决定性作用。跨国供应链构建是企业之间从初步合作到不断建立信任关系的过程，这与国家之间的信任关系的建立相似，而且企业之间信任关系的建立也有利于国家之间信任关系的建立。因此，跨国供应链的构建原则与共建"一带一路"原则是一致的。

第 4 章

跨国供应链的形成条件、要素及演进过程分析

共建“一带一路”是中国政府提出的一项旨在推动全球经济增长、完善全球治理体系的重大倡议。中国政府提出共建“一带一路”倡议无意挑战现有世界经济秩序，而是对现有世界经济治理机制的一种补充和完善。“一带一路”是一个开放和包容的平台，以古丝绸之路沿线国家为基础但不限于这些国家；“一带一路”向全世界国家敞开怀抱，欢迎各国积极参与共建。实际上，“一带一路”更是一个中国与世界各国开展合作的平台：对中国而言，是全球化的一种路径；对世界而言，是与中国深度合作的一种途径。中国走向世界、实现全球化，主要靠两个主体：一个是政治主体，即政府；另一个是市场主体，即跨国公司。中国政府“走出去”，与各国建立不同程度的伙伴关系；中国企业“走出去”，与各国企业亦建立不同程度的伙伴关系。“一带一路”为中国企业走向全球化提供了战略机遇，随着共建“一带一路”的不断深入，中国企业与共建国家企业之间将建立各种伙伴关系，从供应链的视角来看，这种关系是一种供应链伙伴关系，其形成具有内在规律和逻辑。本章将重点剖析跨国供应链形成的有利条件和风险，基于跨国供应链形成的理论基础和现实背景，提出共建“一带一路”中跨国供应链形成的要素，并系统阐述跨国供应链形成的演进过程。

4.1 跨国供应链形成的有利条件分析

4.1.1 跨国供应链形成的外部有利条件

1）国际分工的不断深化

国际分工的不断深化导致供应链在越来越广的范围内得到构建和运作，跨国供应链的范围逐步从多国迈向全球，因此，可以说国际分工是供应链走向全球化的主要驱动力之一。从已有发展实践来看，国际分工大致经过了三个重要阶段：第一个阶段以第一次科技革命为标志，形成了以英国为首的国际分工体系；第二个阶段以第二次科技革命为标志，美国、德国和法国等西方发达国家发展较快，国际分工进一步深化，形成了以西方发达国家相互竞争为特征的国际分工体系，这些国家之间较多以水平型的经济分工为主；第三个阶段以第三次科技革命为里程碑，较前两个阶段相比，国际环境发生了较大变化，科技的进步使发展中国家也得到快速发展，形成了以发达国家为主导、发展中国家参与的国际分工体系，发达国家与发展中国家之间以垂直型的经济分工为主。国际分工的日益深化，使跨国企业快速成长，在全球范围内抢占资源、构建跨国供应链，为全球市场提供产品或服务。例如，苹果、宝洁、沃尔玛等跨国公司得益于国际分工的不断深化，成为全球供应链中最具竞争优势的企业。

2）共建“一带一路”国家的合作不断升级

共建“一带一路”致力于推动互联互通，以“六廊六路多国多港”为主体框架，构建以新亚欧大陆桥等经济走廊为引领，以中欧班列、陆海新通道等大通道和信息高速路为骨架，以铁路、港口、管网等为依托的互联互通网络，完善陆、海、天、网“四位一体”布局，打通中国中西部地区联通世界的通道，为促进全球互联互通做增量。据商务部统计数据，截至2023年末，中国企业在共建“一带一路”国家设立境外企业1.7万家，直接投资存量达3 348.4亿美元，占中国对外直接投资存量的11.3%。存量位列前十的国家是：新加坡、印度尼西亚、卢森堡、越南、马来西亚、泰国、俄罗斯、老挝、阿拉伯联合酋长国、柬埔寨。2023年，中国企业对共建“一带一路”国家直接投资达到407.1亿美元，比上年增长31.5%。中国企业在共建“一带一路”国家的直接投资主要投向制造、建筑、批发零售、电力等领域。中国与共建国家合作建设了一批境外经贸合作区，截至2023年末累计投资近730亿美元，为当地创造53万个就业岗位。在承包工程方面，2023年，中国企业在共建国家签订承包工程合同额2 271.6亿美元，完成营业额1 320.5亿美元，分别占同期总额的85.9%、82.1%，其中七成为基础设施类项目，包括一批重大标志性工程项目和“小而美”民生项目，有效促进了当地经济社会发展和民生改善。因此，随着中国与共建国家在国家、地区、企业层面的互利共赢、共同发展的格局逐步实现，跨国供应链的形成将水到渠成。

3）共建“一带一路”国家经济发展的内生动力

在共建“一带一路”国家中，有不少发展中国家在基础设施、贸易投资、技术创新、产业升级、公共服务等方面还存在短板。有些国家经济发展水平较低，经济发展方式较为粗放，人均GDP只有世界平均水平的一半左右。部分国家的产业结构比例处于失调状态，第一产业和第二产业的增加值占GDP的比重较高，而第三产业增加值所占比重较低，甚至显著低于世界平均水平。总体而言，共建“一带一路”国家的经济发展并未停滞，在过去的一二十年里，尽管有的国家的经济受到内外部环境的影响出现了一些波动，但大部分国家经济实现了快速增长，部分国家的GDP年均增长率甚至达到了世界GDP平均增速的两倍，成为世界经济中比较有活力的区域。这些国家普遍具有大力发展经济的动力，出台了发展经济及改善人民生活水平的战略或计划，如哈萨克斯坦提出了“哈萨克斯坦-2050”战略、“光明之路”新经济计划、“百步计划”等，俄罗斯提出了“欧亚经济联盟”战略等。

4）互联网信息技术革新

跨国供应链运作既包括信息流和物流，也包含商流和资金流，供应链管理系统是“四流”的集成，因此，从这个意义上说，信息技术革新是跨国供应链形成以及高效运作的重要前提条件。在供应链运作过程中，信息就像人体中的血管，其贯穿于供应链的全过程，没有信息共享，供应链就无法形成，信息共享程度越高，供应链的绩效就越好。典型的例子之一就是沃尔玛。从供应链的角度看，沃尔玛是解决信息共享问题最优秀的跨国公司之一，它利用独特的信息传输系统实现了全球范围内的信息共享，使跨国供应链的运作高效而便捷，为自身大大降低了交易成本，也给供应链成员企业带来了好处。进入21世纪以来，互联网信息技术的发展可谓突飞猛进，移动互联网、数字技术以及人工智能技术等的广泛应用，为跨国供应链的形成创造了十分有利的条件。

5）国际投资与贸易环境及物流环境的逐步改善

国际投资与贸易环境主要包括各国在投资与贸易领域制定和实施的政策与法律法规。随着共建“一带一路”的深入，中国与共建国家签订的双边投资贸易协定不断增加，这为中国与共建国家之间构建跨国供应链奠定了基础。据商务部、国家统计局和国家外汇管理局联合发布的《2023年度中国对外直接投资统计公报》，截至2023年底，中国境内投资者共在全球189个国家和地区设立境外企业4.8万家，其中，在共建“一带一路”国家设立境外企业1.7万家。2023年，多数境外企业盈利或持平。2023年，中国对外直接投资近八成流向亚洲，比上年增长13.9%，其中对东盟投资251.2亿美元，增长34.7%，对非洲投资39.6亿美元，是上年的2.2倍。2023年，中国对共建“一带一路”国家直接投资407.1亿美元，较上年增长31.5%，占当年对外直接投资流量的23%。

国际物流环境的显著改善是跨国供应链高效运作的基础。共建“一带一路”中优先启动的领域是基础设施的互联互通，目标就是尽快改善国际合作中的物流环境，提高共建国家的基础设施质量，促进各国物流服务质量的提升，提升各国海关清关效率和便利性等。世界银行的报告《连接竞争（2018）：全球经济中的贸易物流》（*Connecting to Compete 2018: Trade Logistics in the Global Economy*）显示，近年来，大部分共建“一带一路”国家，如中国、印度尼西亚等的物流绩效指数得到不同程度的改善。可见，共建“一带一路”国际投资与贸易环境及物流环境的逐步改善，为跨国供应链的形成和高效运作提供了有利条件。

4.1.2 跨国供应链形成的内部有利条件

Porter（2001）指出，企业国际化是指企业在全球范围内布局生产，并且当企业从研发到生产，最后到销售环节，整个过程都实现全球布局的时候，这个企业就是国际化企业。按照Porter的观点，跨国企业在全球范围内组织生产，并且完成研发设计、采购及加工装配，直至将产品配送至客户的整个流程就构成了完整的跨国供应链。例如，苹果、宝洁、联合利华等跨国企业通过全球供应链在国际市场上获得了领先的竞争优势。跨国供应链形成的内部有利条件主要包括以下3个方面：

1）企业跨国采购

获取资源是企业国际化的动机之一，跨国采购是在全球范围内获取资源的一个过程。共建“一带一路”国家的资源禀赋不同，资源分布差异较大，因而它们在国际分工中的地位差异较大。西方发达国家在国际分工中占据优势地位，在资本密集型产业中拥有较强的竞争优势，而共建“一带一路”国家大多为发展中国家，在资本密集型产业中并不占据优势，只能为发达国家提供工业原料，但是，这些国家能够吸引西方发达国家的企业在本国投资和生产，发挥劳动密集型产业的优势。因此，中国的成功之路值得后发国家借鉴和学习，当前很多中国企业通过不断学习和积累经验，能够在全球范围内采购原材料，在共建“一带一路”国家寻找最佳供应商伙伴，实现对全球资源的整合和利用。有些共建国家的能源资源较为丰富，比如伊朗、伊拉克、哈萨克斯坦以及俄罗斯的石油存储量较大，世界排名均处在前10位；伊朗、俄罗斯和土库曼斯坦的天然气存储量世界排名分别为第一、第二和第四，合计约占全球的50%；中国、俄罗斯、哈萨克斯坦、乌克兰的煤炭存储量占世界各国已探明煤炭储量的近一半。除此之外，哈萨克斯坦、乌兹别克斯坦、吉尔吉斯斯坦和塔吉克斯坦等国家的黄金生产量较高，吉尔吉斯斯坦还是世界主要的产铀国。乌兹别克斯坦、土库曼斯坦的棉花产量居全球前列，分别排在第六位和第九位。因此，这些共建国家将成为能源资源领域跨国采购的最佳目的地，成为跨国供应链中重要的节点。

2）企业跨国生产

企业国际化的最高阶段是跨国投资、生产制造和销售，跨国生产网络布局是企业国际化的高级形式。跨国企业在东亚地区的生产网络布局实践表明，垂直型产品分工是跨国生产网络布局的主要方式，也是一种“雁阵模式”的分工体系，即企业将研发总部置于科技较为发达的国家或地区，而将加工和装配环节置于劳动力成本较低的国家或地区，这是20世纪90年代以来中国的香港、台湾和大陆（内地）相继成为世界加工制造中心的主要推动力。跨国公司构建跨国生产网络的根本动机是降低企业生产成本。正是同一产品的不同生产环节在空间上的分离，导致跨国企业必须建立高效的跨国供应链，才能保持研发、生产、销售、配送等各环节的无缝衔接和快速响应。所以，企业跨国生产网络的布局是跨国供应链形成的主要内部推动力。例如，苹果手机的生产网络遍及美国、中国、韩国、德国、法国、日本等国家。苹果手机的组装业务位于中国，由富士康等供应商提供服务，普遍认为这是由于中国劳动力成本较低，从而降低了苹果公司的生产成本。因此，跨国公司构建的跨国生产网络极大地促进了跨国供应链的形成。共建“一带一路”国家多为新兴经济体或发展中国家，具有一定的低成本优势，为跨国供应链的形成奠定了基础。

3）企业跨国营销

国际产品生命周期理论提出，企业在海外市场开展营销，能够降低由产品生命周期引起的风险（Vernon，1966）。这是由于各国经济发展阶段不同，产品生命周期在各国市场上所处的阶段也不同。这恰好为企业开拓海外市场提供了机会，在本国市场被淘汰的产品，可能正是海外市场所需要的产品。因此，通过跨国营销企业不仅可能降低产品风险，而且可能获取更多的利润。

内部化理论则认为，跨国营销是企业利用内部控制机制代替外部市场机制，来规避市场的不确定性所带来的风险，从而实现战略目标的策略（Casson and Buckley，1976）。简而言之，企业通过在海外成立销售公司，以纵向一体化模式替代市场交易，这也是企业国际化的高级阶段，在海外成立销售公司更加有利于寻找客户，建立相应的供应链伙伴关系。Kojima（1978）提出的边际产业扩张理论认为，企业开展跨国营销的动机包括劳动力导向、市场导向、自然资源导向、生产与销售国际化导向四种类型。近年来，企业跨国营销的实践表明，开拓国际市场、分散经营风险、发挥规模优势、实施国际化发展战略以及获取先进技术和管理经验等是企业开展跨国营销的主要动机。共建“一带一路”国家总人口约有44亿，拥有巨大的市场空间和潜力。因此，构建跨国营销体系将促进企业生产、运营及物流环节的国际化布局，从而推动跨国供应链的形成与管理实践。

4.2 跨国供应链形成的不利条件分析

4.2.1 跨国供应链形成的外部不利条件

在共建“一带一路”中，跨国供应链的形成存在许多不确定性因素或风险。从跨国供应链外部来看，共建“一带一路”国家之间物流通道网络不完善、文化和语言交流存在障碍、大国博弈加剧、地区冲突增多等制约因素依然存在。从跨国供应链内部来看，共建“一带一路”国家的企业存在国际化经验不足、供应链管理与整合能力较弱、竞争加剧等问题，同样制约着跨国供应链的形成与运作。首先，从外部来看，不利条件主要包括5个方面。

1）道路互联互通程度不高

共建“一带一路”国家地理环境复杂，自然环境迥异，区域之间的交通还不通畅，这些客观因素制约着欧亚两大经济圈的互联互通，同时也为共建“一带一路”提供了绝佳的投资机会（瑟拉耶什金等，2015）。由于这些投资的回收期较长，有些项目可能还具有公益性，所以发达国家的跨国公司常常避而远之，这为中国及共建国家的企业提供了机会。以中亚各国为例，中国与中亚各国之间以及中亚各国与其他周边国家之间，在铁路、公路和航空领域的互联互通程度还不能满足现实需求，中亚各国的交通运输还主要以公路为主，铁路的基础设施建设较为滞后，部分设施亟待更新，其铁路的轨距仍沿用苏联的标准，电气化铁路缺乏，海关的通关效率普遍不高。受疫情影响，2020年部分航线几乎停运。当然，这跟这些国家的安全形势也有较大关系，为确保各交通要道的安全，它们常常采取比较严格的审查，这也影响了通关效率（见表4-1）。

表4-1　　　　　　**中国与中亚国家主要设施联通概况**

国家	公路	铁路	航空
哈萨克斯坦	公路网仅次于俄罗斯，总里程为9.58万千米，国际公路有6条与中国相连	发展水平仅次于俄罗斯，铁路干线总里程1.51万千米，与中国有2条相连	大型机场21个，其中12个提供国际空运服务，与中国有4条航线：北京—西安（经停）—阿斯塔纳、乌鲁木齐—阿斯塔纳、乌鲁木齐—阿拉木图、西安—阿拉木图
吉尔吉斯斯坦	总里程约3.4万千米，主干公路8条，公路货运量占全国货运量的90%；可通往中国	境内铁路不发达，总长度423.9千米，分为南、北两条；与中国不相连	有2个国际机场，与中国有4条航线：北京、乌鲁木齐、成都、西安往返比什凯克
土库曼斯坦	公路总长逾1.4万千米，2/3的公路为近十几年新建，无高速公路	铁路总长度5 198千米，无电气化铁路；与周边国家相连	有6个国际机场，与中国有2条航线：阿什哈巴德—北京，乌鲁木齐—阿什哈巴德
塔吉克斯坦	有4条公路干线，公路为国内主要运输方式；与中国相连	铁路总长950.7千米，主要承担出入境运输，但设施陈旧	有3个机场，与中国有2条航线：乌鲁木齐—杜尚别、乌鲁木齐—胡占德、喀什—胡占德

续表

国家	公路	铁路	航空
乌兹别克斯坦	公路总长18.4万千米，公路路况较差；与周边国家相连	铁路总长6 950千米，与哈萨克斯坦、吉尔吉斯斯坦、土库曼斯坦跨境连接	有11个国际机场，可直飞40多个国家和地区，与中国有6条航线：北京—塔什干、乌鲁木齐—塔什干，成都—塔什干、西安—塔什干、广州—塔什干、西安—撒马尔罕等

资料来源：根据中华人民共和国商务部“走出去”公共服务平台国别（地区）指南（http：//fec.mofcom.gov.cn/article/gbdqzn/）整理。

新亚欧大陆桥开通之后的一段时间，国际货物运输常常处于“通而不畅”的状态，制约因素较多，早年的丝绸之路建设效果也不甚理想，除了基础设施互联互通程度不够之外，还与中亚各国的经济发展水平有关。由于中亚各国经济发展水平不高，消费能力不强，其市场容量有限。通过新亚欧大陆桥去往欧洲各国的铁路班列，存在单程货物满车、返程空车的窘境，这些国家的企业运营能力有限导致空车率较高，企业运营成本较高。因此，道路互联互通的程度不高，对跨国供应链的形成及运作产生了一定限制。但是，共建“一带一路”的重点就是基础设施建设，随着时间的推移，这种制约将渐渐成为优势。中欧班列的常态化开行和规模化运营证明了互联互通的重大意义。数据显示，2016年至2024年，中欧班列年开行数量由1 702列增长到19 392列，年运输货值由80亿美元提升至567亿美元。

2）文化和语言交流存在障碍

共建“一带一路”国家的语言以及各个国家之间通用的语言约有

50种，而且各个国家内部不同民族可能还有地区性的语言，语种更加复杂，语言之间的差异导致文化交流上的困难。共建“一带一路”国家宗教种类众多，世界上主要的宗教几乎遍布各个国家，而且各宗教内部的不同派别也有着不同的信仰和风俗习惯，这也使得文化交流之间的障碍难以逾越。除了宗教外，许多共建国家还是多民族聚集地，各民族之间的语言和文化各有差异，也给企业的跨国经营带来了重重压力，给跨国供应链的形成带来了不利影响。

3）国际市场竞争加剧

共建“一带一路”为企业带来了巨大的投资空间，以中国企业为例，在基础设施投资和建设领域，得益于大项目合作以及中国资金的支持，中国对外承包工程企业取得较好成绩，在交通运输、房屋建筑、电力能源、装备制造等行业保持高速增长。同时，中国企业面临的外部竞争日趋激烈，日本、韩国、土耳其等国家的企业是中国对外承包工程企业主要的竞争对手，发展中国家和发达国家的承包商都加入竞争，而且东道国也通过给予企业补贴、出口退税等方式支持本国企业参与竞争。另外，有时中国企业在对外直接投资中缺少合作，一些企业为了抢占先机，在国外基础设施项目竞标过程中抢标，甚至竞相压价，结果纷纷出局，丧失投资机会。在非洲、拉丁美洲以及东南亚等的国家或地区，有些中国企业在不了解东道国法律的情况下，采取非正当手段争取项目，结果不仅没有获得投资机会，还失去了在东道国的立足之地。中国高铁技术世界领先，中国企业与日本、德国等的企业相比虽然具有一定竞争优势，但是在竞标中仍旧难免失败，这也说明国际市场竞争异常激烈。因此，竞争加剧导致企业建立合作关系的难度增大，给共建“一带一路”跨国供应链的形成带来压力。

4）大国博弈加剧

中国在共建“一带一路”国家的投资大部分在基础设施领域，

以道路桥梁、电力通信、港口建设等为主，这些领域是发达国家跨国企业不愿进入的，原因是投资回收期较长，而且风险较高。但是，美国、日本又不愿放弃在共建“一带一路”国家中的影响力和存在感，时常会做出一些干扰和破坏。日本、美国未加入中国主导的亚洲基础设施投资银行，就说明美国和日本不愿看到中国崛起。中国、美国与日本之间的这种博弈局面，有时是部分小国乐见的，原因是这些国家心怀侥幸，试图利用大国之间的博弈获取本国的利益。中亚地区是共建“一带一路”的核心区域之一，同时中亚各国与俄罗斯之间存在千丝万缕的联系，共建“一带一路”将促进中亚地区与中国建立更为紧密的关系，这也会对俄罗斯产生一定影响。尽管中国与俄罗斯已经就共建“一带一路”与俄罗斯主导的欧亚经济联盟建设对接合作发表联合声明，但是在大国博弈加剧的形势下，两国持久深入的对接与合作仍需要双方具备高超的智慧。另外，俄罗斯与美国、欧洲各国之间的博弈，对共建“一带一路”也会产生不确定性影响。例如，俄乌冲突加剧了地区之间的紧张局势，对推动共建“一带一路”产生不利影响。因此，大国之间的博弈会给企业投资和贸易带来诸多不确定性和风险，进而对跨国供应链的形成产生一定影响。

5）地区安全形势不确定性的威胁

“三股势力”是指暴力恐怖势力、民族分裂势力和宗教极端势力。“一带一路”上的中亚及周边区域是“三股势力”威胁的集中区域，这也是该地区特定历史、地域和人文条件的产物。近年来，“三股势力”在中亚地区趋于活跃，对地区安全稳定造成一定挑战。究其原因，主要与阿富汗战争后果外溢、中东地区伊斯兰极端势力泛起密切相关。中东国家与中亚国家地理上相连、民族跨境、语言相通，伊斯兰极端势力自中东地区向中亚国家扩张具有极大的便利，这些因素的叠加对“一带一路”跨国供应链形成产生不利影响。

4.2.2 跨国供应链形成的内部不利条件

从跨国供应链内部的不利条件来看，企业的因素主要包括两个方面。

1）企业国际化运营能力不足

企业的国际化是企业有意识地打入国际市场的行为体现，一国的跨国公司的国际化水平基本能够代表这个国家的国际化水平。在经济全球化的进程中，全球市场逐步成为跨国公司的竞争范围，一国国内的市场空间也在逐渐缩小，企业间的竞争压力越来越大。共建“一带一路”国家中大多数为发展中国家，企业国际化经验普遍不足，企业国际化运营能力有限，这成为制约企业“走出去”的根本因素。

以中国企业的国际化为例，2006—2022年，进入世界500强的中国企业数量从23家增至145家，2011年超过了日本，2019年超过了美国，中国企业“走出去”取得了非凡的成绩（见图4-1）。但是，中国企业在整体盈利水平和经营质量上与美国、日本企业相比还有差距，例如中国企业在不同程度上存在以下问题：企业国际化战略不清晰；在没有做好充分的市场调研的情况下急于“走出去”，导致决策失误；由于缺乏雄厚的资金支持，承担风险的能力较弱，短期经营的动机普遍存在；对东道国政治、法律、投资、贸易等环境了解不够、认识不清，在投资、并购中常常处于被动局面；海外员工国际化经验不足，管理层缺乏国际化运营能力，董事会缺少国际化运营经验。这些问题不仅为企业国际化经营带来了较大风险，而且对构建跨国供应链产生了不利影响。

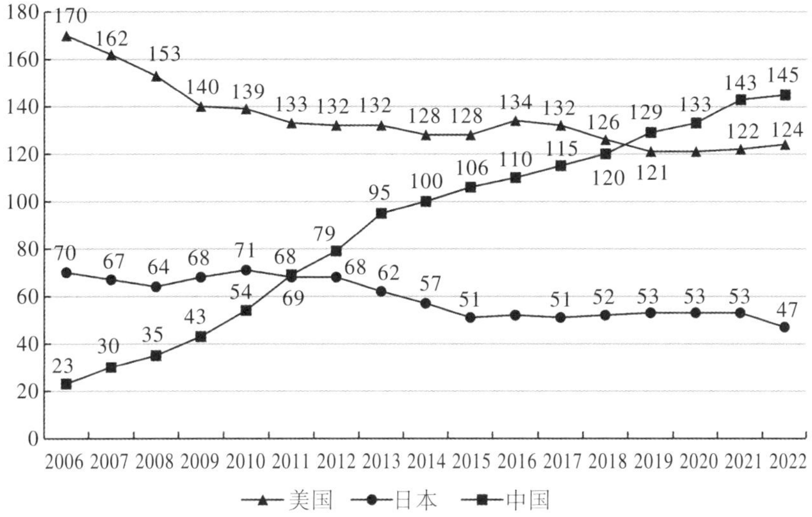

图4-1 2006—2022年进入世界500强的中国企业数量

数据来源：Fortune Global 500 Database（https：//fortune. com/ranking/global500/）。

2）企业跨国供应链治理能力不足

供应链治理是有别于供应链管理的一种新的供应链协调模式，治理的对象不局限于供应链成员企业，更主要的是企业与供应链成员企业之间的关系。供应链治理既包括关系治理，也包括正式治理。其中，关系治理的目的是提高企业与供应链成员企业之间的信任程度，以避免机会主义带来的道德风险和逆向选择问题，但同时可能增加企业的交易成本；正式治埋的目的是提高企业的纵向一体化程度，将供应链成员企业并购或者对其控股，以避免机会主义带来的各种风险，但同时可能增加企业的控制成本。全球知名的咨询公司Gartner公司从2005年以来，每年发布全球25强供应链企业名单。在2022年的名单中，在供应链持续性上表现卓越的亚马逊、苹果、麦当劳、宝洁和联合利华仍处在“大师”行列（过去10年中至少有7年综合得分排在前五名）。2022年全球25

强供应链企业中，有14家美国公司、9家欧洲公司（英国3家、德国2家、法国2家、西班牙1家、瑞士1家）、2家中国公司（联想和阿里巴巴）。排名前10位的公司中，有7家是美国公司（思科、高露洁棕榄、强生、百事可乐、辉瑞、英特尔、微软）。这些供应链企业均为跨国公司，年营业收入高于120亿美元，在资产报酬率、库存周转水平、收入增长水平、环境社会治理等方面处于领先水平。按照Gartner公司的评价标准，美欧跨国公司的供应链管理实践代表了世界领先水平，这也说明这两个发达经济区域的供应链发展较为成熟，值得发展中国家学习和借鉴。在全球25强供应链企业中，中国的联想集团位于第9位，较2015年的第18位有较大提升，阿里巴巴集团位于第25位，这表明中国跨国公司的供应链管理正在向世界领先水平迈进。

与发达国家的跨国公司相比，共建“一带一路”国家的企业国际化水平普遍不高，企业对跨国供应商或客户关系的治理能力不足，究竟是采取关系治理还是正式治理，对企业而言均是一种挑战，企业要在交易成本、控制成本的增加与企业绩效的提升之间寻找一种平衡，而这种能力恰恰是这些企业所缺乏的。因此，企业跨国供应链治理经验的缺乏和治理能力的不足对共建“一带一路”中跨国供应链的稳定性将产生不利影响，但是随着企业国际化经验的积累，企业“走出去”的数量将越来越多，企业间合作的机会将越来越多，企业的供应链治理能力将不断提升，这种不利影响将逐步得到缓解。

4.3 跨国供应链的形成要素分析

4.3.1 跨国供应链形成的基础要素——契约

1）契约的含义

契约，又称合同，《牛津法律大辞典》对契约的定义是指两个人或多个人之间在相互设定合法义务时，达成的具有法律强制力的一种协议。在经济管理学中，契约的概念较法律更为宽泛，它将所有交易均看作一种契约，将契约作为经济问题分析或管理问题分析的基本要素。Coase（1937）指出企业是一系列契约的组合。Pasternack（1985）首次提出了供应链契约的基本概念，认为供应链契约是通过提供合适的信息和激励措施，维护供应链成员企业之间的协调，保证供应链整体利润的一系列条款。Cachon（2001）将供应链契约归纳为批发价格契约、回购契约、数量柔性契约、收益共享契约等类型。由于供应链成员的有限理性和机会主义倾向，当供应链成员谋求自身利益最大化时，供应链整体利润会受损。供应链契约就是为了减少这种损失而提出的解决方法（曹武军，2006）。

2）契约在供应链中的基本作用

契约在供应链中的基本作用至少包括两种：第一，规避交易风险。在供应链运作中，由于供应链成员企业的有限理性和机会主义风险，契约的作用便是规避交易中存在的道德风险和逆向选择问题。契约的约束力体现在供应链成员企业既能够享有权利，又必须承担一定义务，而且企业在供应链中所获得的回报和付出是相当的，否则，企业可以选择不签约，这也体现了契约的平等性和签约自由的特征。第二，增进彼此的信任。大量研究和实践表明，供应链成员企业之间更倾向于建立长期契约关系，这与企业间短期的交易契约关系是不同的，长期契约关系意味着企业之间更加信任，因为建立信任关系需要花费时间和成本。契约可分为明示契约和默示契约。明示契约保障企业的基本利益不受损害，当利益受到侵害时，企业可以通过法律手段保护自身的利益。信任关系不仅需要明示契约的保障，有时还通过默示契约建立。默示契约是无形的，是属于声誉范畴的，企业文化及道德准则等均构成默示契约，如果企业在供应链运作中违反了社会道德，即使没有违反明示契约，也可能对信任关系造成不利影响。如果企业文化及道德准则的建设水平较高，对增进企业之间的信任则是十分有利的。

3）契约在跨国供应链中的作用

企业在跨国供应链中面临的风险要远远大于在国内供应链中面临的风险。因此，在跨国供应链中，契约是保障企业国际化经营的前提条件。佟敏和罗凯（2007）研究发现，在有契约的条件下，企业的国际化经营更倾向于外包与供应链策略，而在没有契约的条件下，企业的国际化经营则更倾向于现货进出口交易。共建“一带一路”过程中，中国跨国企业主要以进出口贸易、海外直接投资、承包海外工程项目、与共建国家合资建设经贸园区等形式开展国际化经营。共建“一带一路”国家的法律环境参差不齐，契约是保障中国跨国企业海外利益的重要手段。在跨国供应链运作中，供应链成员企业的机会主义和败德行为倾向难以被预料，而且企业之间文化背景差异较大，契约在一定程度上有助于规避部分风险。

4.3.2 跨国供应链形成的核心要素——信任

1）信任的含义

关于信任并没有统一的定义，不同的学科对信任的理解有所差异。心理学的观点认为，信任是一种信心、信念或期待（Dwyer et al.，1987；Moorman et al.，1992；Yeung et al.，2009）。社会学的观点认为，信任是一种行为意图或行为互动（Ring and Van de Ven，1992；Andaleeb，1995；林晋宽，1999）。以上两种观点最具代表性，在其他学科的研究中，学者们所提出的定义几乎是对以上两种观点的延伸或扩展。例如，经济学家Arrow（1974）认为信任是经济交换的基础，该定义是从社会学的观点延伸出来的。许淑君和马士华（2000）认为信任是要完成承诺的事情，该定义也是从社会学的观点扩展而来的。王玲（2010）认为信任是供应链成员企业对核心企业公正维护秩序、所有成员不损害其他成员利益、风险共担、利益共享的预期和信心，该定义则是从心理学的观点延伸而来的。Dyer等（1998）认为，信任是相信供应链伙伴愿意且能够完成其义务或承诺，相信双方不会做出损害彼此的事情，该定义是从心理学和社会学两个视角提出的。

2）信任在供应链中的基本作用

首先，信任能够降低供应链成员之间的交易成本。供应链合作关系建立之后，随着信任程度的提高，企业可能不会再去寻找新的合作伙伴，因为需要付出额外的信息搜寻、协商谈判等交易成本（许淑君、马士华，2001）。在供应链合作中，由于存在信息不对称，而且契约本身具有不完备性，加之企业的有限理性，供应链成员企业的道德风险和逆向选择问题时有发生，为防止或避免机会主义行为对供应链合作关系的影响，供应链成员之间的激励和监督机制将发挥重要作用，但是这样会使企业的交易成本上升（汤世强、季建华，2003；李辉等，2007）。因此，供应链成员之间建立信任关系将使企业无须支付激励与监督机制所需的成本，这实际上是对激励和监督机制的一种替代，对企业来说就减少了交易成本。

其次，信任能够降低企业的经营风险。一般而言，企业面临的风险至少包括三类：第一类是企业所处的宏观环境，如政治、经济、技术、文化等风险；第二类是供应链成员企业可能具有不同的技术、文化、行业、市场等背景，若供应链协调不力，则容易造成供应链成员之间管理失调甚至失控的风险；第三类是供应链成员企业的道德风险或逆向选择风险（雷星晖、余黎峰，2009）。第一类风险对企业来说是不可控的，宏观环境是企业左右不了的，但是第二、三类风险是企业可控的，与供应链成员企业建立信任关系、加强企业之间的沟通和融合，能够有效降低企业的经营风险。

最后，信任能够提高企业的运营效率和经营绩效。已有大量实证研究表明，供应链成员企业之间的信任程度提高，能够增强成员企业之间的信息沟通和合作意愿，在产品研发、生产制造、市场开拓和物流运作等方面进行深度沟通和交流，充分实现企业间的知识和信息共享，从而提高企业的运营效率，促进企业绩效的提升（潘文安、张红，2006；叶飞、薛运普，2012；张旭梅、陈伟，2011；刘胜春等，2015）。

3）信任在跨国供应链形成中的作用

在跨国供应链形成中，信任的作用主要体现在两个方面：一是国家之间的政治信任为跨国供应链形成营造基础环境。冷战时期，苏联将对中国的援助全部撤出，中国与苏联之间所有合作戛然而止。中日关系曾经因钓鱼岛事件一度出现紧张局面，对中日企业合作产生了严重影响。因此，国家之间的政治互信在跨国供应链中起到基础作用。在共建“一带一路”倡议中，中国明确提出了互利共赢的合作框架和主张，这是一种关系承诺，对促进共建国家之间的信任具有重要影响。二是跨国企业之间的信任在跨国供应链形成过程中起到决定性作用。与一般的供应链相比，信任在跨国供应链中的作用体现得更加淋漓尽致。在跨国供应链中，信任最突出的作用是抵御风险。跨国供应链跨越国境，宏观环境更复杂，企业背景更多元，因此建立供应链成员之间的信任关系，对抵御跨国供应链中的风险意义重大。共建“一带一路”国家大多数为发展中国家，市场经济体制不完善，政治法律环境不稳定，企业文化背景复杂，这些都将给企业之间的合作带来较大挑战。所以，信任是跨国供应链形成的核心要素。

4.3.3 跨国供应链形成的保障要素——供应链治理

1）供应链治理结构

供应链治理的内涵是多维度的，囊括了供应链合作关系的确立、变革以及供应链成员关系的持续性和稳定性。按照行为科学理论，在设计治理机制之前，应先选择治理结构，治理结构也是企业与供应链成员建立合作关系的重要依据，但是，治理结构一般并非由各个企业自发形成，而是由核心企业推动的。根据不同的标准，供应链治理结构可以分为不同的类别。第一，按照Gereffi（2012，2014）对全球价值链治理结构的研究，可将供应链治理结构从生产者、采购者和第三方等供应链主体的角度进行划分，通过这种划分方式能够清楚地了解治理主体的角色。生产者驱动的供应链治理结构中，供应链的关键资源或者主导权掌握在生产者手中，比如飞机制造领域的波音、电子产品领域的联想等。采购者驱动的供应链治理结构中，供应链的核心资源或主导权掌握在采购者手中，采购者一般由大型的销售商担任，如沃尔玛等。第三方驱动的供应链治理结构中，供应链的核心资源和主导权可能既不在采购者方面，也不在生产者方面，而是借助第三方将核心资源整合在一起，形成高效的供应链组织结构，这种第三方一般由供应链管理专业企业担任，如香港利丰等。第二，按照供应链成员之间的信任程度，可以将供应链治理分为科层型、市场型和混合型三类。科层型结构是指核心企业以权力手段对供应链成员企业进行协调；市场型结构是指供应链成员企业以短期市场交易为主，较少进行生产和技术上的沟通。混合型结构介于以上两种结构之间，是供应链成员企业采取相互学习的战略性合作的一种形式。

2）供应链治理机制

治理机制是由一系列宏观行为规范和微观运作规则综合起来的一种行为模式，是维持供应链成员之间长期合作关系的关键（李维安等，2016）。因此，供应链治理机制是跨国供应链形成的保障要素。供应链治理机制对跨国供应链形成具有重要影响，原因有两个方面：第一，信任关系的建立与消失的不对等性。跨国供应链的形成过程就是供应链成员之间建立信任关系的过程。企业之间的信任关系并不是一朝一夕形成的，是需要投入时间和成本的，但这种信任关系却可以在较短的时间内消失，而且一旦消失，要想修复可能极为困难，所以供应链成员企业之间建立合适的关系治理机制，是保障跨国供应链存续的重要方法。第二，契约本身的不完备性。由于契约具有天然的不完全性，供应链成员企业在签约之前不可能穷尽所有的权利和义务，这为企业的机会主义行为提供了可能。因此，供应链治理机制的设计在保证企业利益、抑制机会主义行为方面将起到重要作用，这也是供应链治理机制在跨国供应链的形成中产生重要影响的原因。

供应链治理结构不同，要选择的治理机制也不同。已有研究发现，不同的治理机制，其作用机理也不同。在共建“一带一路”中，从治理主体来看，供应链治理结构首先呈现的是采购者驱动，表现为中国企业“走出去”扩大了海外市场，这也是中国跨国企业的优势所在。其次是生产者驱动，表现为中国企业在海外投资或者与当地企业合资生产，从而主导供应链的形成。在共建“一带一路”的初始阶段，由于供应链管理企业本身能力匮乏，第三方驱动的供应链构建难度较大。从供应链成员企业之间的信任程度来看，供应链治理结构可能首先呈现为市场型的治理结构，随着信任程度的加深，治理结构将转变为混合型，最后成为科层型。

4.4 跨国供应链形成的演进过程框架分析

4.4.1 追求共同利益是跨国供应链形成的出发点

1）共建“一带一路”中的共同利益

共建“一带一路”反映了中国新型的国际合作理念，这种理念是建立在中国传统文化基础上的非对抗的合作理念。求同存异、互利共赢是这种理念的核心。中国政府在倡议共建“一带一路”的过程中，提出“共商、共建、共享”的原则，倡导义利观，不追求自身利益最大化，而是追求共同利益。这是跨国供应链形成的宏观背景和国家层面的出发点。以共建“一带一路”为合作平台，对接共建国家经济发展战略规划，是中国在追求共同利益时采取的主要途径，如对接俄罗斯主导的欧亚经济联盟战略，对接哈萨克斯坦的“光明之路”经济计划等。这些体现了中国提倡的超越国家之间的博弈走向共赢的国家利益诉求。

2）跨国公司合作中的共同利益

尽管“美国优先”政策、英国脱欧、“印太经济框架”等一系列事件表明“逆全球化”倾向有所抬头，但总体上经济全球化的趋势不可改变，数字化、网络化、智能化技术的普及率将进一步在全球范围内提升，科技进步导致产业生命周期加快，消费者个性化和多样性消费需求的变化更加频繁，市场竞争将在全球范围内愈演愈烈，单个企业处于重重险境之中。供应链是企业间合作的重要方式。面对当前的竞争环境，对企业而言，合作远比竞争更加有力，因此建立供应链合作关系是企业提升竞争优势的选择。共建“一带一路”为共建国家企业之间的合作提供平台和机会。在共建“一带一路”过程中，跨国公司作为合作的先锋，率先充当跨国供应链主导企业的角色。跨国公司的国际化目的一般包括寻求资源、扩大市场、提升企业竞争优势等，共建“一带一路”为这些企业提供了合作的机会和平台，使它们能够向着共同利益进发。

4.4.2 交易契约关系是跨国供应链合作的雏形

1）国家制度环境与交易契约关系

共建“一带一路”中跨国供应链的形成受到共建国家制度环境的影响，国家制度环境对企业跨国合作的影响本质上是对交易契约关系的影响。在国家制度环境中，政治与法律制度的完善程度以及执行法律的机构如法院的执行力是重要的影响因素。交易契约能否被东道国的法律保护，对跨国企业而言至关重要。一般认为，东道国政治法律环境越好，越有利于跨国公司对外直接投资，但是事实可能并非如此，如Kolstad和Wiig（2012）研究发现，东道国制度环境较差，也能吸引企业投资该国的自然资源。以上研究说明，跨国公司订立交易契约关系的目的较为复杂，当东道国制度环境不好时，可能更有利于跨国公司对该国资源的掠夺。另外，投资与贸易规则因素也影响交易契约的订立，比如关税、非贸易关税壁垒等，有时对跨国公司进入东道国市场起到决定性影响。东道国市场因素对交易契约订立的影响也不能忽视。市场化程度越高，企业之间的合作可能越容易，因为政府管制较少，但交易契约的订立也可能更加随意，这对进入东道国的企业而言并非有利。在国际化经营实践中，部分跨国公司有时会选择市场化程度不高的国家投资，这样更容易形成垄断优势。因此，从以上分析可见，东道国制度环境对跨国公司订立交易契约关系具有重要影响。

2）企业国际化与交易契约关系

按照Dunning（1977）的企业国际化阶段理论，企业的国际化发展要经历四个阶段，前两个阶段实际上主要开展的是进出口贸易活动，与合作企业订立的是一种交易契约关系，此时也是企业开展跨国供应链合作的初级阶段。在交易的初始契约中，一般需要将本国企业与东道国企业的权利和义务明确反映在契约中。例如，在契约执行过程中，如果采购方发现供货方的产品有质量问题，一般通过协商处理，要求对方换货以及补偿相应的损失。随着国际化经验的不断积累，企业逐步与客户或供应商建立相应的激励机制对契约进行管理，比如对客户承诺更大的交易量，或者提供更优惠的价格，或者增加合作的机会，给对方更多的实际利益。在建立激励机制的同时，相应的约束机制也会建立，主要从两个方面加以约束：一是契约中约定的法律诉讼或仲裁途径；二是企业自身制定的惩罚办法，比如缩小交易量、缩减合作机会甚至取消合作，迫使对方遵守相应规则，维持交易契约关系。

4.4.3 伙伴关系建立是跨国供应链形成的标志

1）“一带一路”合作与伙伴关系建立

自共建“一带一路”倡议提出以来，中国加快了与共建国家以及其他相关国家建立伙伴关系的步伐，2013—2022年期间，与中国建立伙伴关系的国家达到29个，其中建立全面战略合作伙伴关系的国家有16个，其中中国与巴基斯坦之间是全天候战略合作伙伴关系，中国与哈萨克斯坦之间是全面战略伙伴关系新阶段，中国与俄罗斯之间是新时代全面战略协作伙伴关系[①]。自1951年建交以来，中国和巴基斯坦友好关系得到长足发展，已建立“两全四好”的典范国家关系，即“全天候、全方位”和“好朋友、好邻居、好伙伴、好兄弟”。得益于双方的伙伴信任关系，中巴在共建“一带一路”中取得了实际成果，如三峡南亚公司获得了丝路基金的投资，该公司联合长江三峡集团等共同建设巴基斯坦卡洛特水电站等清洁能源项目。双方在中巴经济走廊建设中也取得了令人满意的成果（陈积敏、高惺惟，2016）。中国和哈萨克斯坦在推进共建“一带一路”过程中，将共建“一带一路”倡议与哈萨克斯坦“光明之路”新经济计划对接，已成为丝绸之路经济带建设的典范，如中哈之间的五个陆路口岸建设、中哈霍尔果斯国际边境合作中心建设和新欧亚大陆桥建设等项目，已取得较好效果（李永全，2016）。在中俄各领域，为协调双边关系而签订的条约和协议总数超过了200个，2011年，中国成为俄罗斯最大贸易伙伴；2018年，双边贸易额突破1 000亿美元，创历史新高。据中国海关统计数据，2024年中俄贸易额再度刷新历史纪录，达到2 448亿美元，比上年同期增长了1.9%。其中，中国对俄罗斯出口实现4.1%的增长，总额攀升至1 155亿美元；俄罗斯向中国出口额与上年基本持平，维持在1 293亿美元的水平。新时代中俄全面战略协作伙伴关系，是在世界百年未有之大变局形势下，中俄携手应对人类面临的各种风险挑战、共同有效参与全球治理的客观要求和理性选择（杨春阳，2019）。综上所述，国家之间伙伴关系的建立，促进了“一带一路”合作，反过来，“一带一路”合作又促进了中国与共建国家之间伙伴关系的建立，为跨国公司之间的合作创造了有利的政策、贸易和投资环境。

---

① 根据外交部网站（https：//www.mfa.gov.cn/）发布的新闻整理。

2）跨国供应链合作与伙伴关系建立

Vokurka和Lummus（1998）认为，供应链伙伴关系是供应链成员企业之间达成承诺并签订契约，在长期内相互合作，充分信任，共享信息、共享利益和分担风险，保证供应链的良好运行。Morgan和Hunt（1994）、Mentzer等（2000）均采用信任和承诺对供应链伙伴关系进行衡量。由此可见，伙伴关系的核心是信任。跨国供应链合作与一般的供应链合作并无本质区别，但供应链合作与企业合作具有显著不同。Lambert等（1996）以所有权的拥有程度为标准，将企业关系划分为4种类型：臂长关系、伙伴关系、合资关系和垂直整合关系。其中的伙伴关系十分接近供应链中企业与企业之间的关系，而其他三种类型与供应链中的企业关系具有显著差异。供应链成员企业之间的信任是基于契约的一种预期，而且包括交易契约签订之前的初步信任，以及双方在合作中逐步形成的信任关系。跨国供应链合作发生在交易契约签订之后，契约的管理一般是由供应链中的核心企业负责，具体是从契约的执行、企业的声誉、合作时间、信息共享、信任程度等方面对供应链成员进行评价，并根据评价结果对不同等级的企业采取不同的管理策略。对信任度较高的供应链成员企业，核心企业将加大与之合作的力度，包括提高合作的广度，如扩大交易规模，以及提高合作的深度，如加强生产和技术上的沟通与交流。对信任度较低的供应链成员企业，核心企业可能采取试探性沟通或者终止契约的策略。因此，跨国供应链合作可以加深成员企业之间的信任程度，同时信任程度又决定跨国供应链合作的广度和深度。

4.4.4 跨国供应链形成的演进过程整体框架

对于共建“一带一路”国家而言，为追求自身经济的发展，全球化是其必然的选择，那么参与“一带一路”建设是其可选之路，这为跨国供应链的形成提供了宏观环境动力和基础。同时，随着共建“一带一路”的发展，中国的务实态度让共建国家感受到中国是可以信任的合作伙伴，这为共建国家的跨国公司构建跨国供应链营造了良好的外部环境。根据以上分析，共建“一带一路”中跨国供应链形成的演进过程整体框架如图4-2所示。

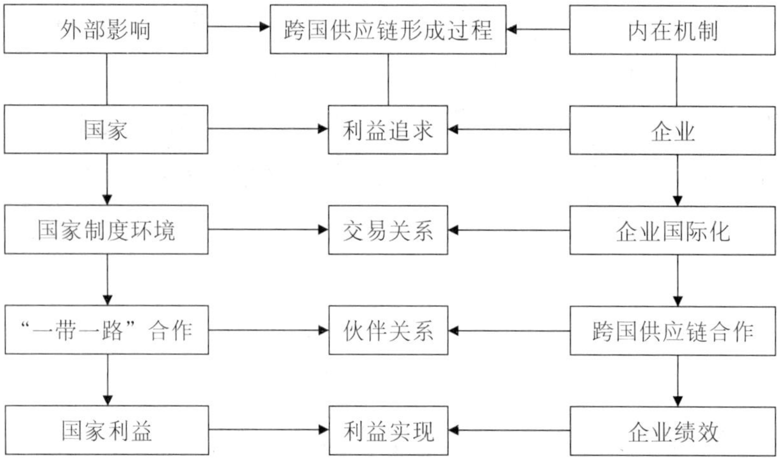

图4-2 共建“一带一路”中跨国供应链形成的演进过程整体框架

在竞争日趋激烈以及不确定性日益增强的环境中，跨国企业通过签订交易契约建立供应链合作关系，从而形成跨国供应链的雏形。随着跨国供应链成员企业的相互依赖性增强，以及成员企业合作广度与深度的提高，成员企业之间的信任程度不断提高，成员企业之间的伙伴关系逐步建立，真正意义上的跨国供应链形成。在跨国供应链形成过程中，交易契约关系是企业国际化进程中跨国供应链形成的基础和保障，通过国际合作的深入，信任关系的建立和维护是跨国供应链的持续存在的条件。同时，为实现企业自身利益，必须建立合适的供应链治理机制来协调供应链成员之间的关系。

需要说明的是，在共建“一带一路”过程中，推动跨国供应链形成的主导力量是跨国公司。这些跨国公司在参与共建“一带一路”之前，已经在国内外市场中具有一定根基，因此构建跨国供应链时原有的合作企业可能发生变化。这是因为跨国公司开拓国际市场后，与之合作的供应商和客户都会发生变化，会对原供应链产生一定影响，使得原来已成为公司战略供应商或战略客户的合作伙伴的地位发生变化。此时，若跨国公司运营能力较强，能在已有供应链的基础上，通过扩张海外市场逐步将“蛋糕”做大，与更多的供应商或客户建立合作伙伴关系，将促使企业自身供应链的竞争力增强，这也是共建“一带一路”过程中构建跨国供应链的应有之义。

第5章

企业国际化对跨国供应链关系建立的影响研究

5.1 引言

Hitt等（1994）认为企业国际化是指企业的经营范围跨越了国界，企业在多个国家或地区开展经营的行为。关于企业国际化的动机，学者们开展了大量卓有成效的研究，在战略管理理论、交易成本理论、资源基础理论、组织学习理论等领域均做出了相应的探讨和解释。从已有文献研究来看，对动机一致的看法是：国际化是企业经营管理的重要发展阶段，通过国际化，企业可以获得更多的市场机会（Rugman，1981）；企业在国际化进程中应以市场最大化为基本目标，利润最大化次之（德鲁克，1989）。除此之外，至少还有三个重要动机，即降低企业成本（Kochhar and Hitt，1995）、获取技术及知识（Conner，1991）、获取自然资源等。共建"一带一路"倡议为中国和共建国家的企业国际化提供了重大机遇。从宏观视角上看，共建国家之间良好的信任关系，能为企业开展国际化经营提供良好的经济社会环境，有利于跨国企业与东道国企业之间建立友好的合作关系，更有利于跨国供应链成员之间建立信任关系。

5.2 理论分析与研究假设

1）企业国际化对战略供应商关系的影响

企业国际化包含两层含义：一是企业国际化的深度，即企业获得的国际化绩效；二是企业国际化的广度，即企业的国际化范围[①]。企业国际化本身是一种经营活动，其经营范围超越了国界，

① 杨忠，张骁. 企业国际化程度与绩效关系研究［J］. 经济研究，2009（2）：32-42.

企业至少在两个国家或地区范围内开展生产、服务等各类经营活动。根据企业国际化阶段理论的解释，企业国际化的基础是母国企业，也就是说，任何国际化企业都是由国内企业发展而来的。Michel和Shaked（1986）的研究，将海外销售收入占营业收入的比重是否超过20%作为标准来判断一家企业是否为国际化企业。企业在国际化进程中，为了获得更多的资源，需要进行跨国采购。这使得企业逐步扩大合作范围，寻求更多的跨国合作伙伴。战略供应商是企业众多合作伙伴中的重要供应商，这主要体现在二者合作的紧密程度或者信任程度上。随着企业国际化战略的实施，企业国际化的深度和广度将不断提高。对跨国供应链关系的建立而言，企业国际化的深度能起到促进作用，但企业国际化的广度可能存在不利影响。此外，由于企业要寻求跨国供应链合作伙伴，原来与国内的战略供应商建立的合作关系可能会受到影响，原有战略供应商可能逐渐被跨国供应链合作伙伴替代。因此，企业国际化深度的提高可能导致原有战略供应商关系逐步减弱，企业在跨国竞争与合作中逐渐与新的战略供应商建立信任关系。基于此，提出以下假设：

H1a：企业国际化广度与战略供应商关系呈负相关。

H1b：企业国际化深度与战略供应商关系呈U形相关。

2）企业国际化对战略客户关系的影响

战略客户是指与企业建立了长期合作关系，与之相关的销售收入在企业营业收入中所占的比重较高的战略合作伙伴。在共建“一带一路”的初期，企业主要通过原有的国际市场中的主要客户了解东道国市场状况，随着共建国家经营环境的持续改善，企业将与更多的国际合作伙伴建立合作关系。因此，与战略供应商关系类似，企业国际化程度的提高将逐步削弱企业原有的战略客户关系。随着企业与新的战略客户的合作不断深入，新的战略客户带来的销售收入在企业营业收入中的比重将逐步提高，因此企业国际化的深度对战略客户关系的影响作用可能也存在非线性的特征。随着企业国际化广度的提高，企业的战略合作伙伴可能越来越多，原有核心客户的地位可能受到影响，这反而不利于战略客户关系的建立。基于此，提出以下假设：

H2a：企业国际化广度与战略客户关系呈负相关。

H2b：企业国际化深度与战略客户关系呈U形相关。

3）企业运营能力在企业国际化与战略供应商关系、战略客户关系中的调节作用

在跨国供应链中，企业运营能力主要体现在对库存的控制上，即精益生产能力。源于20世纪50年代日本丰田汽车公司的精益生产实践，曾经在全球制造业掀起一场管理革命。如今，工业4.0的提出者德国已将精益管理与高技术领先、模块信息化管理及领导力实践并列为未来智能工厂的四大模块。在诸多的管理方法中，精益管理思想不断发展完善，已经从单纯的管理工具上升为管理哲学。精益哲学认为库存就是浪费，应使其最小化，库存管理的目的就是将多余的库存消除，这被公认为企业最佳管理实践（Zipkin，1991；Chen et al.，2005；Eroglu and Hofer，2011；Hofer et al.，2012），许多企业将合理控制库存作为组织管理的目标之一。企业运营能力越强，企业与供应链成员之间的信任关系可能更坚固。在企业国际化进程中，企业运营能力的提升有助于增强企业的自信心、提高企业的声誉，对建立新的供应链关系具有促进作用。由于企业国际化进程与跨国供应链关系呈U形相关，企业运营能力将会强化企业国际化对跨国供应链关系的正向影响，同时弱化其负向影响。因此，提出以下假设：

H3a：企业运营能力在企业国际化广度与战略供应商关系的相关关系中将起到一定正向调节作用，并弱化企业国际化广度的不利影响。

H3b：企业运营能力在企业国际化广度与战略客户关系的相关关系中将起到一定正向调节作用，并弱化企业国际化广度的不利影响。

H3c：企业运营能力在企业国际化深度与战略供应商关系的相关关系中将会强化其正相关关系，同时弱化其负相关关系。

H3d：企业运营能力在企业国际化深度与战略客户关系的相关关系中将会强化其正相关关系，同时弱化其负相关关系。

由以上理论假设，可得到战略供应商关系与战略客户关系建立机制的研究框架，本章要探讨企业国际化和跨国供应链之间的关系，以及企业运营能力的调节作用。本章研究的框架及其与研究假设的对应关系如图5-1所示。

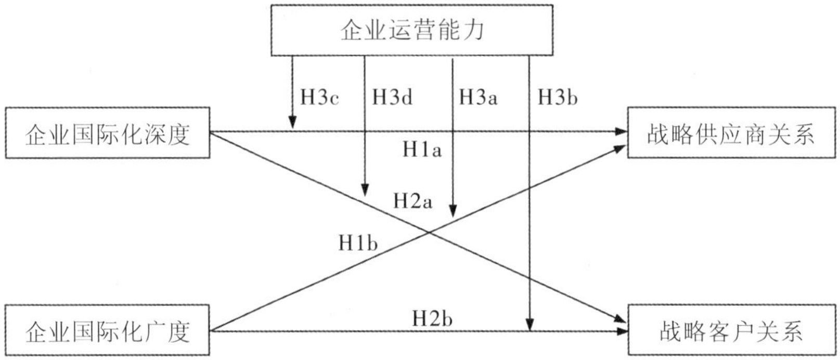

图5-1　研究框架及其与研究假设的对应关系

5.3 研究设计

5.3.1 变量选择与定义

1）因变量的测量

采用战略供应商关系（*SSR*）和战略客户关系（*SCR*）作为供应链关系的代理变量。战略供应商关系表示企业与供应商之间的关系，具体以企业面向前五名供应商的采购额之和在企业总采购额中所占比重表示；战略客户关系表示企业与客户之间的关系，具体以企业面向前五名客户的销售额之和在企业总销售额中所占比重表示。计算公式为：战略供应商关系=前五名供应商采购额/总采购额；战略客户关系=前五名客户销售额/总销售额。

2）自变量的测量

对企业国际化深度（*FSRD*）的衡量通常有4种方法，即跨国经营指数、外向程度比例、研究开发费用的国际化指数和海外销售比重（Dunning，1977）。考虑到数据的可得性，选取海外销售比重作为企业国际化深度的代理变量。计算公式为：海外销售比重=企业海外收入/企业的总营业收入。企业国际化广度（*FSRB*）利用企业控股或参股的海外子公司数量表示（Dunning，1993；杨忠和张骁，2009）。

3）调节变量的测量

企业精益生产能力是企业运营能力的体现，在供应链中，库存管理是企业运营管理的核心内容之一。借鉴已有文献（Eroglu and Hofer，2011；于茂荐、孙元欣，2014），选取库存周转率（*INV*）作为企业运营能力的代理变量。

4）控制变量的选择

选取海外销售收入增长率（*GMA*）、企业规模（*LNA*）、企业上市年限（*LNY*）等作为控制变量。

变量定义及说明见表5-1。

表5-1 **变量定义及说明**

变量类型	变量名称	变量代码	变量说明
因变量	战略供应商关系	*SSR*	前五名供应商采购额占企业总采购额的比重
	战略客户关系	*SCR*	前五名客户销售额占企业总销售额的比重
自变量	企业国际化深度	*FSRD*	企业海外收入占企业总营业收入的比重
	企业国际化广度	*FSRB*	企业控股或参股的海外子公司数量
调节变量	运营能力	*INV*	库存周转率
控制变量	海外收入增长率	*GMA*	（当年海外收入-上年海外收入）/上年海外收入×100%
	企业规模	*LNA*	总资产的自然对数
	企业上市年限	*LNY*	企业上市年限的自然对数

5.3.2 样本、数据与模型

1）样本选择与数据

在已有文献中，跨国供应链的研究对象均以跨国公司为主体，而且鉴于数据指标的统一性和可获得性，以上市公司中的跨国公司作为研究样本是可行方案之一。在共建“一带一路”中，中国跨国公司率先成为跨国供应链的构建主体，因此本章将与共建“一带一路”国家有关联的中国A股制造业上市公司作为研究样本，既符合已有理论的规范，也符合现实情境。

由于共建“一带一路”倡议于2013年提出，故本章选取2013—2020年为研究区间，观察研究期内样本企业公开披露的信息和数据资料。在样本筛选过程中，本章以国泰安海外直接投资数据库中海外关联公司是否处于共建“一带一路”国家为标准进行搜索，并对每一份年报进行逐一核实，剔除没有海外营业收入的企业。其次，从筛选出的企业中，按照证监会对制造业的分类，将属于制造业上市公司的企业逐一筛选出来，构成研究样本。经过筛选，样本主要分布在计算机、通信和其他电子设备制造业，电气机械及器材制造业，专用设备制造业，化学原料及化学制品制造业，通用设备制造业，汽车制造业等行业。由于部分上市公司信息披露不完全，有部分数据缺失，剔除缺失数据后，战略供应商样本和战略客户样本分别有3 491和3 530个数据观察点（企业·年）。样本企业的行业分布见表5-2。

表5-2　**样本企业的行业分布**

行业	代码	2013	2014	2015	2016	2017	2018	2019	2020
农副食品加工业	13	6	7	7	8	12	12	12	13
食品制造业	14	4	4	6	6	6	6	7	8
酒、饮料和精制茶制造业	15	2	2	2	2	2	2	2	2
纺织业	17	5	5	6	7	9	9	9	11
纺织服装、服饰业	18	4	5	5	5	6	7	7	7
皮革、毛皮、羽毛及其制品和制鞋业	19	3	3	3	3	3	3	3	3
木材加工及木、竹、藤、棕、草制品业	20	2	2	2	2	2	2	2	2
家具制造业	21	0	0	2	4	8	8	9	9

续表

行业	代码	2013	2014	2015	2016	2017	2018	2019	2020
造纸及纸制品业	22	6	6	7	8	8	8	8	11
文教、工美、体育和娱乐用品制造业	24	1	1	2	2	3	3	3	4
化学原料及化学制品制造业	26	39	41	43	46	52	54	57	62
医药制造业	27	21	21	23	24	27	27	31	32
化学纤维制造业	28	6	6	6	6	6	6	6	6
橡胶和塑料制品业	29	12	14	14	18	20	21	22	27
非金属矿物制品业	30	20	20	21	21	23	25	26	27
黑色金属冶炼及压延加工业	31	10	10	10	10	10	10	11	11
有色金属冶炼及压延加工业	32	12	13	14	14	16	17	17	19
金属制品业	33	15	15	17	19	23	25	25	26
通用设备制造业	34	30	31	35	39	44	45	48	52
专用设备制造业	35	45	48	54	56	67	69	78	84
汽车制造业	36	32	34	37	39	47	48	48	50
铁路、船舶、航空航天和其他运输设备制造业	37	6	7	8	8	9	10	10	10
电气机械及器材制造业	38	58	61	66	68	78	82	84	90
计算机、通信和其他电子设备制造业	39	81	85	93	101	123	129	138	152
仪器仪表制造业	40	6	8	9	11	12	12	12	15
其他制造业	41	3	3	3	4	6	6	6	6
合计		429	452	495	531	622	646	681	739

在样本企业数据中，战略供应商关系和战略客户关系变量、企业国际化广度和企业国际化深度变量等数据主要来源于上海证券交易所和深圳证券交易所上市公司信息披露的年报资料，其余变量数据从国泰安CSMAR数据中获取。

2）模型设定

基于宋华等（2011）的研究模型，分别检验企业国际化对战略供应商关系、战略客户关系的影响，并进一步引入企业国际化深度的平方项检验其对战略供应商关系和战略客户关系影响的显著性。本章还将检验企业运营能力在企业国际化与跨国供应链关系之间的调节作用。具体估计模型如下：

$$\begin{aligned} Relationship_{ft} = \alpha &+ \beta_1 FSRD_{ft} + \beta_2 FSRD_{ft}^2 + \beta_3 FSRB_{ft} + \\ &\beta_4 INV_{ft} + \beta_5 FSRD_{ft} \times INV_{ft} + \beta_6 FSRD_{ft}^2 \times INV_{ft} + \\ &\beta_7 FSRD_{ft} \times INV_{ft} + \beta_8 Z_{ft} + \sum \beta_f F_f + \sum \beta_t F_t + \varepsilon_{ft} \end{aligned} \tag{5-1}$$

式中：$Relationship_{ft}$表示战略供应商关系（SSR）和战略客户关系（SCR）；$FSRD$ 表示企业国际化深度；$FSRB$ 表示企业国际化广度；INV 表示企业库存周转率；Z_{ft} 包括所有控制变量，如企业规模（LNA）、企业上市年限（LNY）等；F_f和 F_t分别表示企业个体和时间固定效应；t为年份。

本章使用的面板数据特征属于“大 N 小 T”结构，由于样本剔除了部分缺失数据的企业，因此该面板数据属于非平衡面板数据。在处理面板数据时，采用混合效应、固定效应还是随机效应模型估计是首先要解决的问题。首先检验混合 OLS 模型与固定效应及随机效应模型的适用性，结果表明固定效应和随机效应均优于混合效应，受篇幅所限，在此不再赘述[①]。

① 本书对所有模型分别进行了混合效应与固定效应估计，通过F检验，发现所有固定效应模型均优于混合效应模型。同时，对所有模型分别进行了随机效应估计，通过运行 xttest0 命令，观察chi^2值，发现所有随机效应模型均优于混合效应模型。

关于固定效应和随机效应模型的选择，Hausman（1978）提出的Hausman检验方法是目前研究中普遍采用的。该方法采用Wald检验法，检验统计量为：

$$w = \left(\hat{\beta}_w - \hat{\beta}_{GLS}\right)'\sum_{\beta}^{-1}\left(\hat{\beta}_w - \hat{\beta}_{GLS}\right)$$

若统计量w大于临界值，即拒绝原假设，则选择固定效应模型；若统计量w小于临界值，即接受原假设，则选择随机效应模型。本章对设定模型进行Wald检验，结果表明，所有模型的固定效应模型均优于随机效应模型。因此，基于面板数据特征以及检验结果，本章采用带有Driscoll-Kraay标准误（D-K标准误）的固定效应估计方法，该方法可同时解决面板数据的截面相关、序列相关以及异方差问题（Driscoll and Kraay，1998）。本章利用Stata软件进行回归分析。

5.4 实证结果与分析

5.4.1 描述统计分析

表5-3列出了样本企业各变量的描述统计及各变量之间的相关系数矩阵。从中可以看出，战略供应商关系（*SSR*）指标均值为29.194。表明样本企业总体上前五名供应商采购额占企业总采购额的比重为29.194%。战略客户关系（*SCR*）指标均值为30.782，表明样本企业总体上前五名客户销售额占企业总销售额的比重为30.782%。企业国际化深度（*FSRD*）指标均值为28.43，表明样本企业总体上海外收入占企业总营业收入的比重为28.43%。企业国际化广度（*FSRB*）指标均值为2.551，表明样本企业总体上拥有海外子公司的数量平均为2.551个。企业运营能力（*INV*）指标均值为4.775，表明样本企业总体上库

存周转率为4.775次/年。从各变量相关系数来看，除企业规模（*LNA*）和企业上市年限（*LNY*）相关系数为0.521外，其他变量之间的相关系数均未超过0.3，表明各解释变量以及控制变量之间不存在严重的多重共线性。

表5-3 样本企业各变量描述统计及各变量之间的相关系数矩阵

变量	均值	标准差	SSR	SCR	FSRD	FSRB	LNA	GMA	LNY	INV
SSR	29.194	16.430	1.000							
SCR	30.782	20.358	0.244***	1.000						
FSRD	28.430	25.578	-0.016	0.247***	1.000					
FSRB	2.551	3.009	-0.135***	-0.085***	0.112***	1.000				
LNA	22.484	1.296	-0.260***	-0.249***	-0.142***	0.281***	1.000			
GMA	133.906	2 345.093	-0.018	-0.002	0.026	0.071***	0.012	1.000		
LNY	1.978	0.872	-0.160***	-0.246***	-0.122***	0.153***	0.521***	-0.003	1.000	
INV	4.775	4.104	0.070***	0.017	-0.024	0.053***	0.221***	0.006	0.112***	1.000

注：$^*P<0.1$，$^{**}P<0.05$，$^{***}P<0.01$。

5.4.2 企业国际化对战略供应商关系的影响实证结果及分析

1）企业国际化对战略供应商关系影响的主效应分析

在表5-4列出的回归结果中，模型1是对控制变量进行回归的结果，企业规模（*LNA*）、企业成立年限（*LNY*）与战略供应商关系（*SSR*）负相关，表明企业规模越大、成立时间越长，企业对战略供应商的依赖程度越低。模型2加入了企业国际化深度（*FSRD*）变量，结果显示企业国际化深度与战略供应商关系的回归系数为-0.015（$P>0.1$），表明二者负相关，但未通过统计学检验。为进一步检验企业国际化深度与战略供应商的非线性关系，模型3加入了企业国际化深度的平方项（$FSRD^2$）。回归结果显示，企业国际化深度的一次项与战略供应商关系的回归系数为-0.08（$P<0.01$），企业国际化深度的平方项与战略供应商关系的回归系数为0.001（$P<0.01$），表明企业国际化深度与战略供应商关系之间是一种非线性的关系，具体为U形函数关系。随着企业国际化的不断深入，企业对原有战略供应商的依赖程度呈现逐步减弱的趋势，当企业国际化深度达到拐点时，企业对原有战略供应商的依赖程度则会达到最低点，之后随着企业国际化深度的提高，企业将寻求新的战略供应商。这个拐点，实际上可以理解为企业与新的战略供应商建立了伙伴关系或信任关系，双方从契约关系发展为紧密的合作伙伴关系，之后企业与新的战略供应商的关系将逐步加深，新的战略供应商采购额在企业总采购额中所占的比重也将随之增加。模型4加入了企业国际化广度（*FSRB*）变量，结果显示企业国际化广度与战略供应商关系的回归系数为-0.067（$P>0.1$），表明企业国际化广度与战略供应商关系负相关，但未通过统计学检验。由以上结果可知，假设H1a未获得支持，假设H1b获得支持。也就是说，企业国际化深度与战略供应商关系之间具有U形关系，随着企业国际化深度的不断提高，企业战略供应商关系逐步削弱，达到拐点之后，企业国际化深度对战略供应商关系具有正向促进作用。

表5-4　**企业国际化对战略供应商关系的影响回归结果**

变量	模型1	模型2	模型3	模型4	模型5	模型6	模型7	模型8
GMA	-0.000 (-1.066)	-0.000 (-1.084)	-0.000 (-1.140)	-0.000 (-1.067)	-0.000 (-1.633)	-0.000 (-1.463)	-0.000 (-1.404)	-0.000 (-1.264)
LNA	-2.103*** (-5.582)	-2.079*** (-5.901)	-2.106*** (-6.170)	-2.021*** (-6.369)	-2.010*** (-6.406)	-2.009*** (-6.375)	-2.010*** (-6.539)	-2.009*** (-6.493)

续表

变量	模型1	模型2	模型3	模型4	模型5	模型6	模型7	模型8
LNY	-2.457*** (-4.916)	-2.450*** (-4.785)	-2.246*** (-4.517)	-2.274*** (-4.610)	-2.395*** (-4.553)	-2.414*** (-4.746)	-2.519*** (-5.577)	-2.539*** (-5.863)
FSRD		-0.015 (-0.881)	-0.080*** (-5.587)	-0.078*** (-5.020)	-0.075*** (-5.158)	-0.042** (-2.242)	-0.072*** (-5.305)	-0.039** (-2.238)
$FSRD^2$			0.001*** (3.333)	0.001*** (3.282)	0.001*** (3.534)	0.000** (2.016)	0.001*** (3.357)	0.000* (1.894)
FSRB				-0.067 (-1.510)	-0.071 (-1.496)	-0.067 (-1.434)	0.120 (0.625)	0.118 (0.645)
INV					0.388** (2.438)	0.537*** (3.584)	0.464*** (3.140)	0.599*** (3.859)
INV×*FSRD*						-0.007*** (-2.869)		-0.007*** (-2.895)
INV×$FSRD^2$						0.000* (1.789)		0.000** (2.135)
INV×*FSRB*							-0.033 (-1.025)	-0.032 (-1.056)
常数项	81.647*** (9.948)	81.527*** (10.286)	82.535*** (10.820)	80.711*** (11.289)	78.834*** (10.689)	78.157*** (11.075)	78.567*** (11.063)	77.953*** (11.403)
个体/时间	控制	控制	控制	控制	控制	控制	控制	控制
N	3 491	3 491	3 491	3 491	3 491	3 491	3 491	3 491
r^2_w	0.037	0.037	0.040	0.040	0.047	0.047	0.048	0.048
F	808 215.338	58 234.278	40 558.735	15 246.041	39 243.248	26 162.878	2 539.688	5 187.851

注：$^*P<0.1$，$^{**}P<0.05$，$^{***}P<0.01$。

2）企业运营能力的调节效应分析

表5-4中列出的模型5加入了企业运营能力（*INV*），回归结果显

示，企业运营能力对战略供应商关系的回归系数为0.388（$P<0.05$），表明企业运营能力对战略供应商关系的建立具有促进作用。模型6加入了企业运营能力（*INV*）与企业国际化深度（*FSRD*）一次项和二次项的交互项。结果显示，企业运营能力与企业国际化深度的交互项对战略供应商关系的回归系数分别为-0.007（$P<0.01$）和0.00045（$P<0.1$），表明企业运营能力对企业国际深度与战略供应商关系具有显著的调节作用。这种调节作用是如何体现的呢？本章借鉴朱丹、周守华（2018）的做法，采用画图法予以说明。首先，按照企业运营能力的均值大小，将样本分为高低两组。由于控制变量并不影响企业国际化深度与战略供应商关系的曲线形态，故建立二者之间的二次函数方程，估计得到企业运营能力均值高组和低组的系数值。高组拟合方程为$Reationship = -0.19FSRD + 0.002FSRD^2 + 33.28$；低组拟合方程为$Reationship = -0.115FSRD + 0.0007FSRD^2 + 29.485$。然后，根据企业国际化深度的取值范围，分别代入高组和低组的估计方程，可以得到拟合的曲线图，如图5-2所示。由图5-2可知，高组曲线比低组曲线更为陡峭，U形关系更为明显，整体曲线水平更高，这意味着企业运营能力较强时，企业国际化深度与战略供应商关系的曲线水平更高。由以上拟合方程可知，高组和低组的拐点分别处于47.5（0.19×0.5/0.002）和82.14（0.115×0.5/0.0007），该值虽不能精确表示企业国际化深度分别达到82.14%和47.5%时战略供应商关系得以建立，但可以说明高组的拐点在低组的左侧，表明当企业运营能力较强时，更有利于快速建立战略供应商关系。

模型7加入了企业运营能力（*INV*）与企业国际化广度（*FSRB*）的交互项（*INV*×*FSRB*）。回归结果显示，企业运营能力与企业国际化广度的交互项对战略供应商关系的回归系数为-0.033（$P>0.1$），表明企业运营能力对企业国际化广度与战略供应商关系的调节作用尚不显

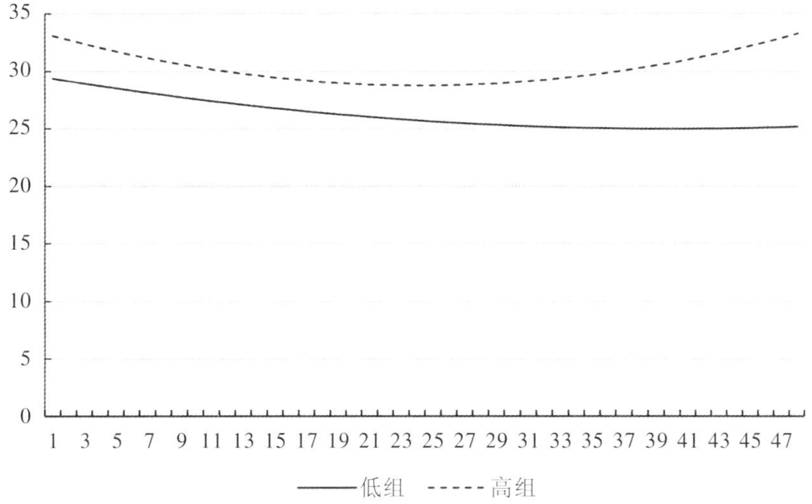

图5-2　不同企业运营能力下企业国际化深度与战略供应商关系图

著，假设H3c未得到支持。模型8将所有变量纳入其中，以上结果并未发生较大变化，说明模型稳健性较好，所得结果是可靠的。

5.4.3　企业国际化对战略客户关系的影响实证结果及分析

与前文对战略供应商关系的估计方式类似，本节依然采用带有D-K标准误的固定效应估计方法对战略客户关系进行模型检验。

1）企业国际化对战略客户关系影响的主效应分析

在表5-5列出的回归结果中，模型1是对控制变量进行的回归结果，企业海外收入增长率（*GMA*）、企业规模（*LNA*）、企业成立年限（*LNY*）均与战略客户关系（*SCR*）负相关，表明企业海外收入增长越快、规模越大及成立时间越长，对战略客户的依赖程度越低。模型2加入了企业国际化深度（*FSRD*）变量，结果显示企业国际化与战略客户关系的回归系数为0.096（$P<0.01$），表明二者之间呈显著的正相关关系，企业国际化深度对战略客户关系的建立具有促进作用。模型3加入了企业国际化深度的平方项（$FSRD^2$），回归

结果显示，企业国际化深度的一次项与战略客户关系的回归系数为-0.032（P>0.1），企业国际化深度平方项与战略客户关系的回归系数为0.001（$P<0.01$），表明企业国际化深度与战略客户关系之间是一种非线性的关系，具体为U形函数关系。随着企业国际化的不断深入，企业对原有战略客户的依赖程度呈现逐步减弱的趋势，当企业国际化深度达到一个拐点时，企业对原有战略客户的依赖程度则会达到最低点，之后随着企业国际化深度的提高，企业将在国际市场中寻求新的战略客户，这个拐点实际上可以理解为企业与新的战略客户建立了伙伴关系或信任关系，双方从契约关系发展为紧密的合作伙伴关系，之后企业与新的战略客户的关系将逐步加深，战略客户的销售额在企业总销售额中的比重将不断增加。模型4加入了企业国际化广度（*FSRB*）变量，结果显示企业国际化广度与战略客户关系的回归系数为-0.324（$P<0.01$），表明企业国际化广度对战略客户关系具有负向影响。随着企业海外子公司数量的不断增加，企业市场规模不断扩大，客户越来越多，原战略客户的地位可能会被削弱，因此，企业在推进国际化战略时，应充分考虑广度与深度的平衡关系。由以上分析可知，假设H2a和H2b得到验证。企业国际化深度与战略客户关系具有U形关系，随着企业国际化深度的提高，企业原有客户关系受到影响，达到拐点之后，企业国际化深度将对战略客户关系具有正向促进作用。

表5-5　　**企业国际化对战略客户关系的影响回归结果**

变量	模型1	模型2	模型3	模型4	模型5	模型6	模型7	模型8
GMA	-0.000^{***} (-4.900)	-0.000^{***} (-3.988)	-0.000^{***} (-4.194)	-0.000^{***} (-4.234)	-0.000^{***} (-4.331)	-0.000^{***} (-4.425)	-0.000^{***} (-4.051)	-0.000^{***} (-4.125)
LNA	-1.489^{***} (-5.424)	-1.639^{***} (-5.543)	-1.698^{***} (-6.012)	-1.291^{***} (-5.340)	-1.286^{***} (-5.280)	-1.290^{***} (-5.351)	-1.285^{***} (-5.464)	-1.288^{***} (-5.559)

续表

变量	模型1	模型2	模型3	模型4	模型5	模型6	模型7	模型8
LNY	-3.410*** (-5.175)	-3.489*** (-5.297)	-3.103*** (-4.728)	-3.240*** (-4.974)	-3.293*** (-5.224)	-3.235*** (-5.300)	-3.408*** (-5.596)	-3.360*** (-5.689)
FSRD		0.096*** (3.220)	-0.032 (-0.809)	-0.022 (-0.533)	-0.021 (-0.510)	-0.087* (-1.887)	-0.018 (-0.456)	-0.084* (-1.936)
$FSRD^2$			0.001*** (3.345)	0.001*** (3.280)	0.001*** (3.328)	0.002*** (4.734)	0.001*** (3.340)	0.002*** (5.016)
FSRB				-0.324*** (-4.483)	-0.325*** (-4.525)	-0.334*** (-4.760)	-0.148 (-1.071)	-0.146 (-1.037)
INV					0.169** (2.288)	-0.078 (-1.020)	0.239** (2.499)	-0.015 (-0.212)
INV×*FSRD*						0.013*** (3.233)		0.014*** (3.249)
INV×$FSRD^2$						-0.000** (-2.039)		-0.000* (-1.925)
INV×*FSRB*							-0.031** (-2.292)	-0.033** (-2.322)
常数项	69.456*** (11.060)	70.156*** (9.499)	72.249*** (10.568)	63.541*** (10.533)	62.727*** (10.182)	63.860*** (10.945)	62.460*** (10.527)	63.630*** (11.364)
个体/时间	控制	控制	控制	控制	控制	控制	控制	控制
N	3 530	3 530	3 530	3 530	3 530	3 530	3 530	3 530
r^2_w	0.021	0.036	0.048	0.053	0.054	0.057	0.055	0.058
F	5 123.119	13 499.272	5 067.692	10 950.428	12 069.219	794.904	9 356.724	836.329

注：*P<0.1，**P<0.05，***P<0.01。

2）企业运营能力的调节效应分析

表5-5中列出的模型5加入了企业运营能力（*INV*），回归结果显示，企业运营能力对战略客户关系的回归系数为0.169（P<0.05），表

明企业运营能力对战略客户关系的建立具有促进作用。模型6检验企业运营能力对企业国际化深度与战略客户关系的调节作用。结果显示，企业运营能力与企业国际化深度一次项的交互项（$FSRD \times INV$）的回归系数为0.013（$P<0.01$），企业运营能力与企业国际化深度二次项的交互项（$INV \times FSRD^2$）的回归系数为-0.0001（$P<0.05$），表明企业运营能力对二者关系具有显著的调节作用。这种调节作用是如何体现的呢？仍借鉴朱丹、周守华（2018）的做法，画图说明。首先按照企业运营能力的均值大小将样本分为高低两组。由于控制变量并不影响企业国际化深度与战略客户关系的曲线形态，故建立二者之间的二次函数方程，估计得到企业运营能力均值高组和低组的系数值。高组拟合方程为：$Reationship = 0.043FSRD + 0.0016FSRD^2 + 27.341$。低组拟合方程为：$Reationship = -0.083FSRD + 0.0016FSRD^2 + 30.365$。然后，根据企业国际化深度的取值范围，分别代入高组和低组的估计方程，可以得到拟合的曲线图，如图5-3所示。由图5-3可知，高组曲线比低组曲线更为陡峭，随着企业海外收入的不断增加，整体曲线水平更高，这意味着企业的运营能力较强时，企业国际化深度与战略客户关系的曲线水平更高。由以上拟合方程可知，高组和低组的拐点分别处于-13.44（-0.043×0.5/0.0016）和25.94（0.083×0.5/0.0016）。由拐点值可知，高组的拐点在坐标轴左侧，企业国际化深度与战略客户关系的U形曲线仅为右半段，低组的拐点位于坐标轴右侧，即企业国际化深度25.94%处。进一步计算两条曲线的交点，当企业国际化深度为24%时，两条曲线相交，当企业国际化深度在0~24%范围内时，低组曲线位于高组曲线之上，此时由于低组企业国际化深度尚未达到最低点25.94%，战略客户关系尚未真正建立；当企业国际化深度大于24%时，高组曲线位于低组曲线之上。总体上看，当企业运营能力处于较高水平时，更有利于战略客户关系的建立，因为高组曲线的

企业国际化深度从0开始增加时，战略客户关系便已经建立了。但是，当企业运营能力处于较低水平时，企业国际化深度至少要达到25.94%，战略客户关系才能建立。

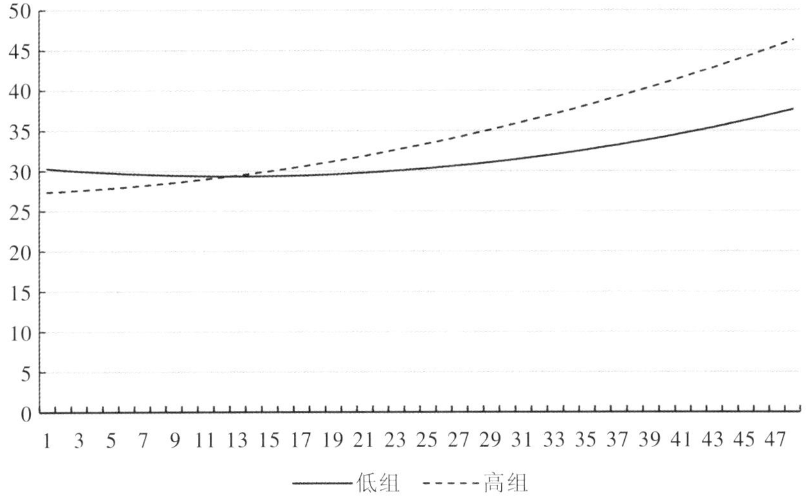

图5-3　不同企业运营能力下企业国际化深度与战略客户关系图

模型7加入了企业运营能力与企业国际化广度的交互项（*INV*×*FSRB*）。回归结果显示，企业运营能力与企业国际化广度的交互项的回归系数为-0.031（$P<0.05$），表明企业运营能力在一定程度上强化了企业国际化广度对战略客户关系的影响，企业运营能力越强，企业国际化广度与战略客户关系的负相关程度越强，越不利于战略客户关系的建立。因此，假设H3b未得到验证。模型8将所有变量纳入其中，以上结果并未发生较大变化，说明模型稳健性较好，所得结果是可靠的。

5.4.4　稳健性检验

1）缩尾处理

采用Winsorize方法，对样本企业中各变量的奇异值进行处理，具体是对因变量、变量以及控制变量的取值中，小于1%和大于99%的分位数进行处理。处理后重新对模型进行估计和检验，发现回归结果未发生较大变化。

2）变量替换处理

将企业规模（*LNA*）由总资产的自然对数替换为营业收入的自然对数，将海外营业收入增长率（*GMA*）替换为海外营业毛利率。变量替换后，回归结果未发生明显变化。

5.5 结论与讨论

5.5.1 结论

本章选取参与共建“一带一路”的中国上市公司作为研究样本，利用面板数据分析模型，对企业国际化对跨国供应链关系形成的影响进行了实证研究，检验了提出的假设。假设检验结果见5-6。

表5-6 **假设验证情况汇总表**

研究假设		验证结果
H1a	企业国际化广度与战略供应商关系呈负相关	不支持
H1b	企业国际化深度与战略供应商关系呈U形相关	支持
H2a	企业国际化广度与战略客户关系呈负相关	支持
H2b	企业国际化深度与战略客户关系呈U形相关	支持
H3a	企业运营能力在企业国际化广度与战略供应商关系的相关关系中将起到一定正向调节作用，并弱化企业国际化广度的不利影响	不支持
H3b	企业运营能力在企业国际化广度与战略客户关系的相关关系中将起到一定正向调节作用，并弱化企业国际化广度的不利影响	不支持

续表

研究假设		验证结果
H3c	企业运营能力在企业国际化深度与战略供应商关系的相关关系中将会强化其正相关关系，同时弱化其负相关关系	支持
H3d	企业运营能力在企业国际化深度与战略客户关系的相关关系中将会强化其正相关关系，同时弱化其负相关关系	支持

根据假设检验结果，可得出以下研究结论：

（1）企业国际化深度与战略供应商关系呈非线性U形关系，企业国际化深度的不断提高将打破企业固有的战略供应商关系，使原有战略供应商采购额在企业总采购额中的比重逐渐下降，但企业国际化深度达到一定水平之后，企业将与新的战略供应商建立战略伙伴关系，并逐步与新的战略供应商成为紧密合作的供应链伙伴。

（2）企业国际化深度与战略客户关系亦是非线性的U形关系，企业国际化深度的提高将削弱原有的国内客户关系，在国际化深度达到一定水平之后，企业将与新的客户建立战略客户关系，并形成紧密的供应链合作伙伴关系。

（3）企业国际化广度与战略客户关系呈负相关关系，企业拥有的海外子公司数量越多，越不利于战略客户关系的建立。但是，经实证检验，企业国际化广度对战略供应商关系建立的不利影响不显著。

（4）企业运营能力对战略供应商关系和战略客户关系具有正向影响作用，企业运营能力越强，企业对战略供应商和战略客户的依赖性越强。

（5）企业运营能力对企业国际化深度与战略供应商关系、战略客户关系之间具有一定调节作用，企业运营能力将强化二者之间的正相关关系，同时弱化二者之间的负相关关系。

（6）企业运营能力对企业国际化广度与战略客户关系之间也具有

一定调节作用，企业运营能力将强化企业国际化广度对战略客户关系的负向作用。这说明企业运营能力越强，越应谨慎进行国际化扩张和选择战略客户建立伙伴关系，即实施“重点捕鱼”的策略。

5.5.2 进一步讨论

本章的研究得到了一些有价值的结论，但也有一定的局限性和有待解决的问题，具体体现以下几个方面：

1）样本选择问题

2013年以来，参与共建“一带一路”的企业逐年增多，上市公司是所有参与企业的领头羊，具有较强的代表性，这是本章选取外向型上市公司作为样本的主要原因。但不可否认的是，参与共建“一带一路”的未上市的企业也有很多，部分企业的国际化水平可能远高于部分上市公司，由于二手数据获取上的局限，难以将这类企业囊括在本研究中。

2）样本企业参与共建“一带一路”的程度问题

本研究中，样本企业参与共建“一带一路”的程度无法精确计量，原因有二：其一，企业国际化的地域范围千差万别，上市公司披露信息的不完备性导致很难将那些把共建“一带一路”国家作为唯一市场的企业识别出来；其二，外向型上市公司中包含了所有制造业企业，分别位于产业链的上、中、下游，很难区分各企业在哪个环节参与了共建“一带一路”。共建“一带一路”是一个合作平台，参与共建“一带一路”的方式有很多种，只要企业搭乘了“一带一路”的快车，在共建国家进行投资、开展贸易或承包工程项目，均被认为参与了共建“一带一路”。

3）进一步研究的可能性

本章的研究结论至少有两个方面存在进一步研究的可能性，具体如下：第一，研究结论表明，企业国际化与新的跨国供应链形成具有U形关系，企业需要明白U形曲线的拐点位置实际上是企业与新的跨国供应链伙伴建立信任关系的开始。那么，每个行业的拐点是否不一样呢？因此，随着参与共建“一带一路”的企业逐步增多，扩大样本企业数量，分行业开展研究是十分必要的。

第二，研究结论表明，企业运营能力的提升，不仅有利于企业维持原有的战略合作伙伴关系，还有利于企业新的跨国供应链的形成。企业运营能力似乎能解决企业国际化对跨国供应链形成的不利影响，但在现实中，无论是战略供应商还是战略客户，均是有限理性的，道德风险与逆向选择问题总是不期而至，新的跨国供应链关系的建立并非意味着企业跨国供应链的形成，因为不确定性可能使初步形成的跨国供应链遭遇重创。那么，如何才能使初步形成的跨国供应链持续健康发展呢？这是需要进一步研究的问题。

第6章

供应链治理对跨国供应链关系持续性的影响研究

6.1 引言

交易费用理论认为，企业在合作中应通过尽可能明确的契约条款来降低交易风险，但是由于信息不对称、有限理性以及契约本身的不完备性等，关系治理作为市场治理与垂直治理的中间机制受到越来越多的关注（Burkert et al.，2012）。在共建“一带一路”过程中，随着企业国际化的广度和深度不断提高，跨国供应链逐步形成，但这种跨国供应链是建立在初步的信息沟通和交流以及交易契约关系之上的，距离高水平信任下的跨国供应链还很远。随着企业之间的跨国合作不断增多，企业之间的信息沟通和交流更加充分，信息共享水平更高，企业之间的信任关系不断加深，交易契约在企业关系中逐步成为必要条件，而非充分条件。那么，什么原因会促使企业之间建立信任关系呢？本章认为，供应链治理是影响跨国供应链关系持续性的关键因素。具体而言，供应链治理包括供应商和客户两方面的治理，治理方式包括关系治理和正式治理。本章将采取实证研究方法，对跨国供应链形成过程中的供应链治理机制进行研究。

6.2 理论分析与研究假设

1）跨国供应链关系对企业绩效的影响

跨国供应链关系主要指供应链成员企业之间的合作关系，具体可分为：企业与供应商的关系，即战略供应商关系；企业与客户的关系，即战略客户关系。其中，战略供应商是企业众多合作伙伴中的重要供应商，战略供应商关系是指企业供应商与企业建立了紧密的合作伙伴关系，彼此之间信任程度较高，往往表现为该供应商采购额在企业总采购额中所占的比重较高（Chen and Paulraj，2004）。战略供应商在供应链管理战略中具有积极作用，企业与供应商的信任程度决定企业绩效的质量（Wisner，2003）。Patel等（2013）实证分析了战略性供应链与结构性供应链对组织绩效的影响，供应链导向更倾向于关系匹配，战略供应商与企业关系的匹配对实现供应链绩效最大化具有决定性作用。本章测量战略供应商关系的指标采用企业前五名供应商采购额在企业总采购中所占的比重，该项指标在一定程度上反映出企业与战略供应商关系的紧密程度，如果该比重较高，则说明企业对前五名供应商的依赖程度较高，企业与战略供应商之间合作的紧密程度较高（赵泉午等，2010；张先敏，2013）。这种紧密程度决定了企业之间的信任程度，已有研究表明，企业信任对企业绩效具有促进作用，信任程度越高，企业绩效也就越高。

客户关系实践在供应链管理实践中发挥重要作用，良好的客户关系对企业绩效的提升具有显著的促进作用（Kannan and Tan，2005）。战略客户与企业建立了长期合作关系，其销售额在企业总销售额中所占的比重较高，是企业战略合作中的关键伙伴。企业与战略客户之间建立紧密的合作伙伴关系，彼此之间信任程度高，在供应链管理实践中体现为信息共享水平较高，使牛鞭效应降低。因此，企业战略客户越多，对企业绩效的提升作用越显著。Pyke等（2000）通过问卷调查和实证研究发现，企业对客户的关注要多于供应商，企业与下游企业的沟通较多，而与上游企业的沟通较少。本章测量战略客户关系的指标是企业前五名客户销售额在企业总销售额中所占的比重，该项指标在一定程度上反映出企业与战略客户之间的合作紧密程度，该比重越高，说明企业与战略客户之间的依赖程度越高，企业与战略客户建立充分的信任关系，对企业绩效的提升具有较大的促进作用。基于此，提出以下假设：

H1a：战略供应商关系对企业绩效具有正向影响作用。

H1b：战略客户关系对企业绩效具有正向影响作用。

2）关系治理在战略供应商关系、战略客户关系与企业绩效之间的调节作用

关系治理可以从治理结构和治理过程两个方面进行度量，前者反映治理的市场性或层级性，通过双方投入的专用性投资来衡量（Yu et al.，2006）。从关系治理的角度来看，投资的目的是弥补正式契约的不完备性，从而维持双方的长期合作伙伴关系（Ebers and Semrau，2015），而且关系治理可以有效降低供应链关系被机会主义侵占的风险，使企业与战略供应商和战略客户关系的黏合度更高（Rokkan et al.，2003）。供应链关系治理既包括供应商关系治理，也包括客户关系治理。供应商关系治理采用企业一年期应付账款占营业成本的比重度量，企业与供应商之间的信任程度越高，一年期应付账款的金额可能越少，应付账款在营业成本中所占的比重就越低。如果企业延长应付账款的时间，则企业与供应商之间的信任程度将会下降。因此，提高企业应付账款占营业成本的比重将削弱战略供应商关系对企业绩效的促进作用。客户关系治理用一年期应收账款占营业收入的比重度量，企业与客户关系之间的信任程度越高，一年期应收账款的金额可能越少，应收账款在营业收入中所占的比重就越低。企业与客户之间的信任程度会因为客户的不及时还款而降低。当然，企业对信誉较好的客户通常会采取付款方式或者期限上的激励措施，这也是关系治理机制的重要表现形式（于茂荐、孙元欣，2014）。Johnson等（2002）以东欧部分国家为例研究了企业关系治理机制的作用，发现企业根据信用额度的大小来设置客户还款期限，以达到激励客户的目的，同时这也是关系治理的重要手段。当然，这样做使企业面临的风险也随之提高，企业需要提高坏账准备的计提比例进行预防。基于此，提出以

下假设：

H2a：供应商关系治理对战略供应链关系与企业绩效具有正向调节作用。

H2b：客户关系治理对战略客户关系与企业绩效具有正向调节作用。

3）正式治理在战略供应商关系、战略客户关系与企业绩效之间的调节作用

正式契约通过激励或惩罚措施有效规避双方事前能够识别出来的机会主义风险（Williamson，1993），契约在本质上是为了控制合作双方的行为和风险，达到协同合作的目的（Lu et al.，2015）。正式治理包括供应商正式治理和客户正式治理。正式治理主要通过纵向一体化方式对供应商进行协调，以科层控制替代供应链契约，从而降低企业的损失，实现对企业合作伙伴机会主义和道德风险的治理。因此，供应商正式治理在战略供应商关系与企业绩效之间将起到正向调节作用，客户正式治理在战略客户关系与企业绩效之间同样具有正向调节作用。基于此，提出以下假设：

H3a：供应商正式治理对战略供应商关系与企业绩效具有正向调节作用。

H3b：客户正式治理对战略客户关系与企业绩效具有正向调节作用。

4）跨国供应链关系的建立对正式治理机制的影响

交易成本理论认为，供应链关系的建立将促使企业专用性投资水平的提高，由投资带来的准租会随之提高，专用性投资的接收方通过机会主义行为获取潜在利益的倾向增强，从而导致契约成本增加。此时，企业选择内部控制的倾向增强，企业更倾向于通过纵向一体化的方式即正式治理机制替代关系治理机制对供应链关系进行维护。Joskow（1987）认为企业的专用性投资水平越高，企业越倾向于采取

纵向一体化的方式对供应链关系进行管理。于茂荐和孙元欣（2014）以2007—2009年中国制造业上市公司为样本，研究发现随着企业专用性投资的增加，企业选择正式治理的积极性提高。因此，当供应链合作关系达到一定水平时，即企业专用性投资增加到一定程度时，企业为避免接受投资方的机会主义行为给自己带来更大的风险，可能采取并购或联营等方式对原来的供应链组织进行变革，以正式治理机制代替关系治理机制。综上所述，提出以下假设：

H4a：战略供应链合作关系越深入，企业采取正式治理机制的可能性越大。

H4b：战略客户合作关系越深入，企业采取正式治理机制的可能性越大。

根据以上理论分析和假设，提出本章的研究框架，如图6-1所示。图6-1中，跨国供应链关系包括战略供应商关系和战略客户关系，关系治理包括战略供应商关系治理和战略客户关系治理，正式治理包括战略供应商正式治理和战略客户正式治理。由于针对供应商和客户的关系治理机制和正式治理机制可能存在差异，因此本章将分别对战略供应商关系、战略客户关系与企业绩效的关系，以及相应治理机制的调节作用进行实证检验。

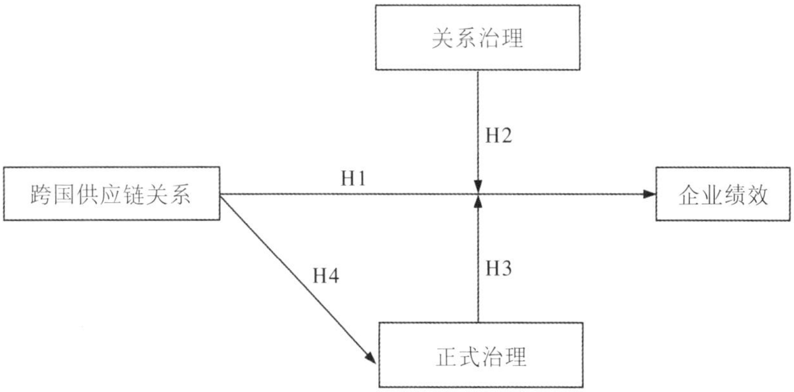

图6-1 研究框架

6.3 研究设计

6.3.1 变量选择与定义

1）因变量的测量

本章采用总资产报酬率（*ROA*）作为企业绩效的测量变量。计算公式为：总资产报酬率=息税前利润/总资产平均额。

2）自变量的测量

战略供应商关系（*SSA*）和战略客户关系（*SCA*）作为供应链关系的代理变量。战略供应商关系衡量企业与供应商之间的关系，具体以企业前五名供应商采购额在企业总采购额中所占的比重表示；战略客户关系衡量企业与客户之间的关系，具体以企业前五名客户销售额在企业总销售额中所占的比重表示。计算公式为：战略供应商关系=前五名供应商采购额/企业总采购额；战略客户关系=前五名客户销售额/企业总销售额。

3）调节变量的测量

根据 Joskow（1987）、Johnson 等（2002）、于茂荐和孙元欣（2014）等文献，选取账龄在一年之内的应付账款在营业成本中所占的比重作为战略供应商关系治理变量（*SRG*），选取账龄在一年之内的应收账款在营业收入中所占的比重作为战略客户关系治理变量（*CRG*）。选取向关联方采购产品金额在总资产中所占的比重作为供应商正式治理变量（*SFG*），选取向关联方销售产品金额在总资产中所占的比重作为客户正式治理变量（*CFG*）。计算公式为：*SRG*=一年期应付账款/营业成本；*CRG*=一年期应收账款/营业收入；*SFG*=向关联方采购产品金额/总资产；*CFG*=向关联方销售产品金额/总资产。

4）控制变量的选择

本章选取企业规模（*LNA*）、企业上市年限（*YEA*）、企业运营效率（*INV*）、企业成长情况（*GMA*）作为控制变量。

变量定义及说明见表6-1。

表6-1 **变量定义及说明**

变量类型	变量名称	变量代码	变量说明
因变量	总资产报酬率	*ROA*	息税前利润/总资产平均额
自变量	战略供应商关系	*SSR*	前五名供应商采购额占企业总采购额的比重
	战略客户关系	*SCR*	前五名客户销售额占企业总销售额的比重
调节变量	供应商关系治理	*SRG*	一年期应付账款占营业成本的比重
	客户关系治理	*CRG*	一年期应收账款占营业收入的比重
	供应商正式治理	*SFG*	向关联方采购产品金额占总资产的比重
	客户正式治理	*CFG*	向关联方销售产品金额占总资产的比重
控制变量	企业规模	*LNA*	总资产的自然对数
	企业上市年限	*YEA*	企业上市至当年的时间
	企业运营效率	*INV*	库存周转率
	成长情况	*GMA*	主营业务收入增长率

6.3.2 样本、数据与模型

1）样本选择与数据

如前文所述，跨国供应链的初步成形是第一阶段，而跨国供应链运作对跨国供应链的形成更具有决定性的作用，因此，本章将延续前文的研究，仍选取参与共建“一带一路”的中国制造业上市公司作为研究样本，研究时期仍选取2013—2020年。为保障企业供应商与客户信息的完备性，本章对第5章使用的供应商和客户样本重新进行了筛查，保留了同时具有供应商和客户数据的样本企业。样本主要分布在电气机械及器材制造业，专用设备制造业，通用设备制造业，计算机、通信和其他电子设备制造业，化学原料及化学制品制造业等行业。经过最后筛选得出，样本企业共计183个，数据观察点（企业·年）共计1 464个。在样本企业数据中，战略供应商关系和战略客户关系变量数据主要来源于上海证券交易所和深圳证券交易所上市公司披露的年报资料，其他变量数据从国泰安CSMAR数据库和Wind资讯金融数据库中获取。样本企业的行业分布见表6-2。

表6-2 **样本企业的行业分布**

行业	样本数量（个）	占比（%）
电气机械及器材制造业	30	16.39
专用设备制造业	22	12.02
通用设备制造业	21	11.48
计算机、通信和其他电子设备制造业	19	10.38
化学原料及化学制品制造业	18	9.84
铁路、船舶、航空航天和其他运输设备制造业	10	5.46
汽车制造业	10	5.46
非金属矿物制品业	9	4.92
金属制品业	8	4.37
有色金属冶炼及压延加工业	7	3.83
橡胶和塑料制品业	5	2.73
其他	24	13.11
合计	183	100.00

2）模型设定

基于宋华等（2011）的研究模型，引入供应链治理调节变量，分别检验战略供应商关系、战略客户关系对企业绩效的影响，并分别检验关系治理、正式治理的调节作用。本章的估计模型具体如下：

$$Performance_{ft} = \alpha + \beta_1 SSR_{ft} + \beta_2 SCR_{ft} + \beta_3 SRG_{ft} \times SSR_{ft} + \beta_4 CRG_{ft} \times SCR_{ft} + \beta_5 SFG_{ft} \times SSR_{ft} + \beta_6 CFG_{ft} \times SCR_{ft} + \beta_7 Z_{ft} + \sum \beta_f F_f + \sum \beta_t F_t + \varepsilon_{ft} \quad (6-1)$$

$$SFG_{ft} = \alpha + \beta_1 SSR_{ft} + \beta_2 SRG_{ft} + \beta_3 Z_{ft} + \sum \beta_f F_f + \sum \beta_t F_t + \varepsilon_{ft} \quad (6-2)$$

$$CFG_{ft} = \alpha + \beta_1 SCR_{ft} + \beta_2 CRG_{ft} + \beta_3 Z_{ft} + \sum \beta_f F_f + \sum \beta_t F_t + \varepsilon_{ft} \quad (6-3)$$

模型（6-1）中，$Performance_{ft}$表示企业绩效（*ROA*），SSR_{ft}为战略供应商关系变量，SRG_{ft}为供应商关系治理变量，SFG_{ft}为供应商正式治理变量，SCR_{ft}为战略客户关系变量，CRG_{ft}为客户关系治理变量，CFG_{ft}为客户正式治理变量，Z_{ft}包括所有控制变量，如企业规模（*LNA*）、企业上市年限（*YEA*）、企业库存周转率（*INV*）、企业营业收入增长率（*GRO*）等，F_f和F_t分别表示企业个体固定效应和时间固定效应，t为时间。模型（6-2）和模型（6-3）分别用于验证战略供应商关系、战略客户关系与相应的正式治理机制之间的关系，模型中对应的各变量符号的含义与模型（6-1）一致。

需要说明的是，在进行模型检验和估计时，要考虑面板数据的结构和特征。本章使用的面板数据属于“大N小T”结构，由于样本剔除了缺失数据的企业，因此该面板数据属于平衡面板数据。在处理面板数据时，采用混合效应、固定效应还是随机效应模型估计是首先要解决的问题。首先，检验混合OLS模型与固定效应及随机效应模型的适用性，结果表明固定效应或随机效应均优于混合效应，受篇幅所限，检验过程在此不再赘述①。

① 本书对所有模型分别进行了混合效应与固定效应估计，通过*F*检验，发现所有固定效应模型均优于混合效应模型。同时，对所有模型分别进行了随机效应估计，通过运行xttest0命令，观察chi^2值，发现所有随机效应模型均优于混合效应模型。

关于固定效应和随机效应模型的选择，Hausman（1978）提出的Hausman检验方法是目前研究中普遍采用的，该方法采用Wald检验法，检验统计量为：

$$w = \left(\hat{\beta}_w - \hat{\beta}_{GLS}\right)' \sum_{\beta}^{-1} \left(\hat{\beta}_w - \hat{\beta}_{GLS}\right)$$

如果统计量w大于临界值，即拒绝原假设，则选择固定效应模型；若统计量w小于临界值，即接受原假设，则选择随机效应模型。对设定模型进行Wald检验，结果表明，所有模型都是固定效应模型均优于随机效应模型。因此，基于使用的面板数据特征以及检验结果，采用带有D-K标准误的固定效应估计方法，该方法同时解决面板数据的截面相关、序列相关以及异方差问题（Driscoll and Kraay，1998）。为避免模型中调节变量和自变量交互项与原自变量的多重共线性，对相应变量进行了中心化处理（陈晓莲等，2008）。本章利用Stata15.0软件进行回归分析。

6.4 实证结果与分析

6.4.1 描述统计分析

表6-3列出了样本企业各变量的描述统计及各变量之间的相关系数矩阵。从表中可以看出，战略供应商关系（*SSR*）均值为30.33，该指标由企业前五名供应商采购额占企业总采购额的比重表示，表明样本企业总体上前五名供应商采购额的比重为30.33%。战略客户关系（*SCR*）均值为29.36，该指标由企业前五名客户销售额占企业总销售额的比重表示，表明样本企业总体上前五名客户销售额的比重为29.36%。企业供应商关系治理（*SRG*）均值为3.68，该指标由一年期应付账款占营业成本的比重表示，表明样本企业总体上一年期应付账

款占营业成本的比重为3.68%。企业客户关系治理（*CRG*）均值为25.41，该指标由一年期应收账款占营业收入的比重表示，表明样本企业总体上一年期应收账款占营业收入的比重为25.41%。企业供应商正式治理（*SFG*）均值为1.53，表明样本企业向关联方采购产品金额占总资产的比重为1.53%；企业客户正式治理（*CFG*）均值为1.8，表明样本企业向关联方销售产品金额占总资产的比重为1.8%。

表6-3　**样本企业各变量描述统计及各变量间的相关系数矩阵**

变量	均值	标准差	*ROA*	*SSR*	*SCR*	*SRG*	*CRG*	*SFG*	*CFG*	*LNA*	*GRO*	*YEA*	*INV*
ROA	4.31	8.88	1.000										
SSR	30.33	17.15	0.021	1.000									
SCR	29.36	19.03	-0.026	0.316***	1.000								
SRG	3.68	7.81	-0.074***	-0.078***	-0.029	1.000							
CRG	25.41	25.80	-0.002	-0.011	0.140***	-0.003	1.000						
SFG	1.53	5.13	0.071***	0.118***	0.092***	-0.026	-0.134***	1.000					
CFG	1.80	5.90	0.086***	-0.005	0.251***	-0.060**	-0.033	0.450***	1.000				
LNA	22.69	1.42	0.020	-0.323***	-0.165***	0.198***	-0.240***	0.228***	0.153***	1.000			
GRO	12.00	39.01	0.218***	0.038	0.039	-0.081***	-0.024	0.043	0.014	-0.026	1.000		
YEA	11.92	6.84	-0.057**	-0.156***	-0.098***	0.118***	-0.204***	0.203***	0.203***	0.497***	-0.127***	1.000	
INV	5.75	19.73	0.032	0.076***	-0.074***	0.107***	-0.095***	0.006	-0.009	0.070***	0.015	0.074***	1.000

注：$^{*}P<0.1$，$^{**}P<0.05$，$^{***}P<0.01$。

从各变量之间的相关系数来看，企业规模（*LNA*）和企业上市年限（*YEA*）的相关系数为0.497，供应商正式治理（*SFG*）和客户关系治理（*CFG*）的相关系数为0.45，除以上变量之间的相关系数较大外，其他变量之间的相关系数均不超过0.35，表明各自变量和控制变量之间不存在严重的多重共线性。

6.4.2 战略供应商关系对企业绩效的影响实证结果分析

1）战略供应商关系与企业绩效的主效应分析

表6-4列出了回归结果。其中，模型1-1验证了战略供应商关系对企业绩效的影响，结果显示，二者之间的回归系数为0.062（$P<0.05$），表明战略供应商关系对企业绩效具有显著的促进作用，假设H1a获得支持。模型1-1中还包括控制变量和调节变量，其中，控制变量的回归结果显示，企业规模（*LNA*）与企业绩效（*ROA*）呈正相关关系，但在0.1的显著性水平下未通过统计学检验，表明参与共建“一带一路”的上市公司规模对企业绩效的影响尚未显现，这跟参与共建“一带一路”的企业所有制有关。当前阶段，参与共建“一带一路”的企业以国有企业为主，为取得共建国家的信任和配合，前期交易成本较高，对企业绩效不利，但同时收获了共建国家对共建“一带一路”倡议的支持，一些政治效益、社会效益和环境效益等并不能反映在企业绩效上面。企业营业收入增长率（*GRO*）与企业绩效（*ROA*）的回归系数为0.046（$P<0.01$），表明企业成长性越好，越有利于企业绩效的提升。库存周转率（*INV*）与企业绩效（*ROA*）的回归系数为0.001（$P>0.1$），表明企业运营能力对企业绩效提升的促进作用不显著。企业上市年限（*YEA*）与企业绩效（*ROA*）的回归系数为-2.545（$P<0.01$），表明企业上市年限越长，越不利于企业绩效的提升。调节变量的回归结果显示，供应商关系治理（*SRG*）与企业绩效（*ROA*）的回归系数为0.015（$P>0.1$），表明供应商关系治理机制对企业绩效的提升具有促进作用，但不具有统计学意义。供应商正式治理（*SFG*）与企业绩效（*ROA*）的回归系数为0.702（$P<0.1$），表明供应商正式治理机制对企业绩效的提升具有显著的正向影响。

表 6-4 **模型回归结果**

变量	被解释变量：*ROA*				被解释变量：*SFG*
	模型 1-1	模型 1-2	模型 1-3	模型 1-4	模型 2
LNA	1.530 (1.429)	1.483 (1.397)	1.807 (1.628)	1.762 (1.599)	0.209 (1.220)
GRO	0.046*** (2.677)	0.046*** (2.648)	0.044*** (2.770)	0.044*** (2.737)	0.011 (1.434)
YEA	−2.545*** (−4.091)	−2.599*** (−4.205)	−2.278*** (−3.975)	−2.329*** (−4.015)	0.644*** (2.657)
INV	0.001 (0.134)	0.008 (0.871)	−0.001 (−0.080)	0.006 (0.782)	−0.005 (−1.396)
SSR	0.062** (2.601)	0.060*** (2.630)	0.055** (2.275)	0.053** (2.264)	0.039** (2.480)
SRG	0.015 (0.684)	0.119* (1.880)	0.009 (0.443)	0.107* (1.705)	−0.002 (−0.397)
SFG	0.702* (1.894)	0.701* (1.893)	−0.157 (−0.965)	−0.154 (−0.952)	
SRG×*SSR*		−0.003** (−2.181)		−0.003** (−2.049)	
SFG×*SSR*			0.015*** (3.265)	0.015*** (3.264)	
常数项	−30.025 (−1.274)	−29.268 (−1.244)	−34.969 (−1.442)	−34.240 (−1.414)	−5.431 (−1.295)
个体/时间	控制	控制	控制	控制	控制
N	1 435	1 435	1 435	1 435	1 435
r^2_w	0.146	0.147	0.164	0.165	0.057
F	58 655.725	73 864.450	9 605.199	1 849.317	5 708.079

注：* $P < 0.1$，** $P < 0.05$，*** $P < 0.01$。

2）供应商关系治理和正式治理的调节效应分析

从表6-4的回归结果来看，模型1-2加入了供应商关系治理（*SRG*）与战略供应商关系（*SSR*）的交互项（*SRG*×*SSR*），回归结果显示，交互项与企业绩效的系数为-0.003（$P<0.05$），表明供应商关系治理对战略供应商关系与企业绩效具有负向调节作用，关系治理程度越高，即一年期应付账款占营业成本的比重越高，越不利于战略供应商关系对企业绩效提升发挥正向影响，假设H2a未得到验证，反而得到了相反的结论。模型1-3加入了供应商正式治理（*SFG*）与战略供应商关系（*SSR*）的交互项（*SFG*×*SSR*），回归结果显示，交互项与企业绩效的系数为0.015（$P<0.01$），表明供应商正式治理机制在战略供应商关系与企业绩效之间具有正向调节作用，采用正式治理机制治理战略供应商关系能显著提升企业绩效，假设H3a得到验证。模型1-4同时加入了供应商关系治理（*SRG*）与战略供应商关系（*SSR*）的交互项（*SRG*×*SSR*）、供应商正式治理（*SFG*）与战略供应商关系（*SSR*）的交互项（*SFG*×*SSR*），回归结果显示，交互项与企业绩效的系数未发生较大变化，系数前的符号也没有变化，表明以上回归结果是稳健的。

3）战略供应商关系与供应商正式治理机制的关系检验

在表6-4中，模型2验证了战略供应商关系与正式治理机制之间的关系，回归结果显示，战略供应商关系（*SSR*）与供应商正式治理（*SFG*）的回归系数为0.039（$P<0.05$），表明随着企业与战略供应商关系的不断加深，企业更倾向于采取供应商正式治理机制对战略供应商进行治理，假设H4a得到验证。该结果印证了前文的结论：在调节战略供应商关系与企业绩效之间的关系中，正式治理机制比关系治理机制更好。企业在参与共建“一带一路”中，应采取正式治理机制治理战略供应商关系，通过纵向一体化的发展模式，能够有效管控风

险，提升企业绩效。

6.4.3 战略客户关系对企业绩效的影响实证结果分析

1）战略客户关系与企业绩效的主效应分析

表6-5列出了回归结果，其中，模型1-5验证了战略客户关系对企业绩效的影响，结果显示，二者之间的回归系数为0.060（$P<0.01$），表明战略客户关系对企业绩效具有正向促进作用，假设H1b得到验证。模型1-5中还包括控制变量和调节变量，其中，控制变量的回归结果与前文一致。调节变量的回归结果显示，客户关系治理（*CRG*）与企业绩效（*ROA*）的回归系数为0.029（$P<0.1$），表明客户关系治理机制对企业绩效的提升具有显著的促进作用。客户正式治理（*CFG*）与企业绩效（*ROA*）的回归系数为0.315（$P<0.05$），表明客户正式治理机制对企业绩效的提升也具有显著的正向影响。

表6-5 **模型回归结果**

变量	被解释变量：*ROA*				被解释变量：*CFG*
	模型1-5	模型1-6	模型1-7	模型1-8	模型3
LNA	1.650 (1.520)	1.666 (1.432)	1.708 (1.571)	1.727 (1.481)	-1.286^{***} (-4.290)
GRO	0.053^{**} (2.334)	0.045^{***} (2.848)	0.053^{**} (2.269)	0.044^{***} (2.749)	0.007^{*} (1.696)
YEA	-2.078^{***} (-3.172)	-2.088^{***} (-3.104)	-2.013^{***} (-3.216)	-2.017^{***} (-3.120)	1.762^{***} (4.745)
INV	0.003 (0.427)	0.005 (0.588)	0.003 (0.436)	0.005 (0.598)	0.010^{**} (2.529)
SCR	0.060^{***} (5.090)	0.054^{***} (7.114)	0.061^{***} (5.124)	0.055^{***} (7.175)	0.061^{***} (3.491)
CRG	0.029^{*} (1.934)	0.024^{**} (2.282)	0.029^{*} (1.877)	0.024^{**} (2.221)	-0.002 (-0.851)

续表

变量	被解释变量：*ROA*				被解释变量：*CFG*
	模型1-5	模型1-6	模型1-7	模型1-8	模型3
CFG	0.315^{**} (2.277)	0.105^{***} (2.623)	0.312^{**} (2.239)	0.101^{**} (2.509)	
CRG×*SCR*		0.012^{**} (2.407)		0.012^{**} (2.415)	
CFG×*SCR*			-0.001^{**} (−2.080)	-0.001^{**} (−2.284)	
常数项	−33.501 (−1.389)	−33.132 (−1.303)	−34.950 (−1.448)	−34.666 (−1.359)	25.883^{***} (4.756)
个体/时间	控制	控制	控制	控制	控制
N	1 435	1 428	1 435	1 428	1 435
r^2_w	0.118	0.168	0.119	0.169	0.070
F	66 198.081	713.974	237 142.341	3 591.824	18 652.595

注：* $P<0.1$，** $P<0.05$，*** $P<0.01$。

2）客户关系治理和正式治理的调节效应分析

从表6-5可知，模型1-6加入了客户关系治理（*CRG*）与战略客户关系（*SCR*）的交互项（*CRG*×*SCR*），回归结果显示，交互项与企业绩效的系数为0.012（$P<0.05$），表明客户关系治理对战略客户关系与企业绩效具有正向调节作用，采用关系治理机制治理战略客户关系能够显著提升企业绩效，假设H2b得到验证。模型1-7加入了客户正式治理（*CFG*）与战略客户关系（*SCR*）的交互项（*CFG*×*SCR*），回归结果显示，交互项与企业绩效的系数为-0.001（$P<0.05$），表明客户正式治理机制在战略客户关系与企业绩效之间具有负向调节作用，采用正式治理机制治理战略客户关系并不能提升企业绩效，反而对企业绩效的提升具有抑制作用，假设H3b未获得实证支持。模型1-8同

时加入了客户关系治理（*CRG*）与战略客户关系（*SCR*）的交互项（*CRG*×*SCR*）、客户正式治理（*CFG*）与战略客户关系（*SCR*）的交互项（*CFG*×*SCR*），回归结果显示，交互项与企业绩效的系数未发生较大变化，系数前的符号也没有变化，表明以上回归结果是稳健的。

3）战略客户关系与客户正式治理机制的关系检验

在表6-5中，模型3验证了战略客户关系与正式治理机制之间的关系，回归结果显示，战略客户关系（*SCR*）与客户正式治理（*CFG*）的回归系数为0.061（$P<0.01$），表明随着企业与战略客户的关系不断加深，企业更倾向于选择客户正式治理机制对战略客户进行治理，假设H4b得到验证。有趣的是，该结果与前文的结论有所矛盾，在调节战略客户关系与企业绩效之间的关系中，模型1-3的结果显示企业更倾向于选择正式治理机制，但模型1-7的结果显示企业采取正式治理机制对企业绩效的提升具有抑制作用。那么，对战略客户关系而言，究竟是正式治理机制好，还是关系治理机制好呢？按照交易成本理论的解释，企业建立战略客户关系将增加企业的专用性投资，企业更倾向于选择正式治理机制，但正式治理机制的效果如何，交易成本理论并未给出答案。本章的实证研究发现，正式治理机制在战略客户关系与企业绩效之间发挥负向调节作用，意味着企业利用正式治理机制治理战略客户关系的效果并不理想，不能促进企业绩效的提升，反而会抑制企业绩效的提升。该结论与已有研究（于茂荐、孙元欣，2014）的结论类似，但遗憾的是该文献未对关系治理和正式治理进行区分。因此，按照本章的实证结果，在治理战略客户关系时，企业采用关系治理机制更好。

6.4.4 稳健性检验

1）缩尾处理

采用Winsorize方法，对样本企业中各变量的奇异值进出处理，具体是将因变量、自变量以及控制变量取值中小于1%和大于99%的分位数进行处理，处理后重新对模型进行估计和检验，发现回归结果未发生较大变化。

2）变量替换处理

将调节变量正式治理中计算所用的营业收入、营业成本均替换为总资产，重新计算正式治理变量；将调节变量关系治理中计算所用的总资产替换为营业收入和营业成本，具体为计算供应商关系治理变量时替换为营业成本，计算客户关系治理变量时替换为营业收入，将新的调节变量代入模型后回归结果未发生较大变化。

6.5 结论与讨论

6.5.1 结论

本章选取参与共建“一带一路”的中国上市公司为研究样本，构建多元回归模型，利用面板数据，对影响跨国供应链持续性的供应链治理机制进行了实证研究，对提出的假设进行了检验。从检验结果来看（见表6-6），提出的8个假设中，假设H1a、H1b、H2b、H3a、H4a、H4b获得支持，假设H2a和H3b未获得支持，而且得到了相反的结果，即关系治理机制在战略供应链关系与企业绩效之间具有显著的负向调节作用，正式治理机制在战略客户关系与企业绩效之间具有显著的负向调节作用。

表6-6　　　　　　　　假设验证情况汇总表

研究假设		验证结果
H1a	战略供应商关系对企业绩效具有正向影响作用	支持
H1b	战略客户关系对企业绩效具有正向影响作用	支持
H2a	供应商关系治理在战略供应链关系与企业绩效之间具有正向调节作用	不支持
H2b	客户关系治理在战略客户关系与企业绩效之间具有正向调节作用	支持
H3a	供应商正式治理在战略供应商关系与企业绩效之间具有正向调节作用	支持
H3b	客户正式治理在战略客户关系与企业绩效之间具有正向调节作用	不支持
H4a	随着企业与战略供应商关系的加深，企业倾向于正式治理机制	支持
H4b	随着企业与战略客户关系的加深，企业倾向于正式治理机制	支持

根据假设检验结果，得出以下研究结论：

（1）战略供应商关系对企业绩效具有显著的正向促进作用，表明企业的供应商集中度越高，越有利于企业绩效的提升。

（2）战略客户关系对企业绩效具有显著的正向促进作用，表明企业的客户集中度越高，越有利于企业绩效的提升。该结论与已有研究（赵泉午等，2012；李艳平等，2016）的发现相同。在国际化进程中，企业在积极拓展国际市场的同时，应注重战略客户关系的建立和维护，与战略客户之间建立充分信任的伙伴关系，这样不仅能促进企业自身绩效的提升，而且能使企业与战略客户之间的关系更加稳固，进而有利于跨国供应链的持续稳定。

（3）关系治理机制是维护企业与供应链成员合作关系的重要手段，关系治理在战略客户关系与企业绩效之间具有正向调节作用，企业采取关系治理机制治理企业战略客户关系时，能够显著提升企业绩效。同时，关系治理机制在战略供应商关系与企业绩效之间具有负向调节作用，企业采取关系治理机制治理企业战略供应商关系时，并不能提升企业绩效，反而会抑制企业绩效的提升。原因可能是关系治理机制尽管能够增进企业与战略供应商之间的相互信任，但是也会增加企业的交易成本，对企业绩效的提升产生不良影响。这说明供应商关系治理机制是一把“双刃剑”，企业应在信任引起的交易成本的增加与信任引起的企业绩效的提升之间保持一种平衡。

（4）正式治理机制同样是维护企业与供应链成员合作关系的重要手段，正式治理机制在战略供应链关系与企业绩效之间具有正向调节作用，企业采取正式治理机制治理企业战略供应商关系时，能够显著提升企业绩效。同时，正式治理机制在战略客户关系与企业绩效之间具有负向调节作用，企业采取正式治理机制治理企业战略客户关系时，并不能提升企业绩效，反而会抑制企业绩效的提升。原因可能是正式治理机制尽管能够有效防范机会主义带来的道德风险和逆向选择问题，但是也会增加企业的内部控制成本，对企业绩效的提升产生不良影响。这说明客户正式治理机制也是一把“双刃剑”，企业应在防范机会主义行为带来的绩效提升与内部控制成本的增加之间保持一种平衡。

（5）关系治理机制和正式治理机制均是企业维护供应链关系的重要手段，二者本身对企业绩效均有显著的促进作用，但是二者在治理供应链关系时发挥的作用是有差异的。本章的研究证实了交易成本理论关于企业建立供应链合作关系，增加专用性投资后倾向于选择正式治理机制的结论。进一步研究发现，正式治理机制在治理战略供应商和战略客户关系时所起的作用是不同的。具体来说，正式治理机制能够在企业治理战略供应商关系时发挥积极作用，而在治理战略客户关系时将对企业绩效的提升不利；关系治理机制能够在企业治理战略客户关系时发挥积极作用，而在治理战略供应商关系时不能达到预期目的。因此，治理机制的选择对跨国供应链的持续性影响深远。

6.5.2 进一步讨论

1）本研究结论具有一定理论贡献

首先，本研究认为战略供应链关系和战略客户关系对企业绩效的提升均具有促进作用，但在已有研究中，关于供应链关系对企业绩效的影响是存在争议的。Parkhe（1993）研究发现联盟内部的关系性投资满足了联盟成员的战略需要，促进了绩效的提升。Jap（1999）认为供应链关系促使合作双方协同努力，提升了渠道的利润水平和竞争优势。Poppo和Zenger（2002）发现，供应链关系的投资水平与企业绩效呈负相关关系。Devita等（2010）的研究结论表明供应链关系的维护和管理者对供应链合作绩效的满意度负相关。本研究以跨国供应链为研究情境，实证结果表明，企业与战略客户关系的加强对企业绩效具有显著的促进作用，但企业与战略供应商关系的加强对企业绩效的促进作用并不明显，该结论为丰富供应链管理实践的研究提供了证据。

其次，学者们对关系治理进行了大量研究，争论的焦点是关系治理与正式治理是“替代关系”还是“互补关系”（Chen and Manley，2014）。在中国传统的“关系”认知中，关系治理机制是企业在管理实践中选用的主要治理方式（Mathew and Chen，2013）。本研究发现，关系治理机制在跨国供应链形成过程具有重要作用，而且关系治理机制对治理战略客户关系具有重要意义，而正式治理机制对治理战略供应商关系更有利。这与已有的部分研究结论具有明显的区别，于茂荐和孙元欣（2014）在没有区分供应商关系和客户关系的情况下，认为正式治理机制对提升企业绩效的作用并不明显，而关系治理机制则是最佳选择，当然，其结论还可能与其选用的主要是销售数据有关。孙华等（2015）认为，在信任程度较高的情形下，关系治理机制对正式治理机制具有替代作用，实际上是将关系治理与正式治理的作用等同起来了。本研究认为，关系治理和正式治理对供应商关系或客户关系的治理作用是不同的，只有针对性地选择合适的治理机制，才能使供应链合作关系持久和稳定。本研究为跨国情境下供应链治理理论提供了研究证据。

2）本研究结论具有较强的实践价值

本研究结论对企业供应链管理实践具有重要指导意义。已有研究表明，关系治理机制是通过对供应商关系和客户关系的有效管控，不断加深企业与战略供应商和战略客户之间的信任关系，而正式治理机制则通过企业科层代替市场，缺乏有效的灵活性（于茂荐、孙元欣，2014）。本研究发现，有效的关系治理机制对企业在共建“一带一路”国家开拓市场、治理战略客户关系具有重要作用，有效的正式治理机制对企业在共建“一带一路”国家开展投资或并购、治理战略供应商关系具有重要意义。因此，企业在“走出去”的过程中，加强与供应商或客户之间的关系治理机制和正式治理机制的建设非常重要。企业在构建或维护战略供应商关系或战略客户关系时，应因地制宜地发挥关系治理机制和正式治理机制的双重作用。企业在治理战略供应商关系时要注重发挥正式治理机制的作用，在治理战略客户关系时要注重发挥关系治理机制的作用，并管控好企业的交易成本、机会主义风险成本等，有效提升企业绩效，维护共建“一带一路”国家跨国公司供应链关系的持续稳定。

3）本研究的局限性

本研究的样本仅限于中国上市公司，变量的测量为单一指标，这些问题尽管是由客观原因导致的，但研究结论可能仍存在一定局限性。未来可扩大样本企业范围，通过问卷等其他方式验证本研究的结论。因此，随着共建“一带一路”的不断深入，选择更多样本，选取更长时期，利用更多变量进行测量将是今后研究的方向。

第7章

共建“一带一路”国家环境对跨国供应链形成的影响研究

7.1 引言

共建“一带一路”中跨国供应链形成的外部影响因素，不仅包括共建国家的经济、政治、制度、市场、物流等因素，还包括共建国家与中国在各个领域的合作。与西方国家的跨国企业不同的是，共建“一带一路”国家的跨国企业的国际化水平有限，供应链整合能力普遍不足，而且受共建国家环境不确定性的影响较大，因此照搬西方国家企业的经验可能导致水土不服、多走弯路。然而，现有的关于共建“一带一路”供应链管理的文献难以满足现实企业的需要，而且共建国家当前的环境因素与以往研究识别出的因素可能存在一定差异，因此探究共建“一带一路”中影响跨国供应链形成的外部因素，既可以从理论上补充跨国供应链理论，又能从实践角度为共建国家跨国企业之间的供应链合作提供指导依据。本章将以已有文献为基础，深入剖析共建“一带一路”国家环境中对跨国供应链形成具有直接影响的因素，并分析不同时期环境对跨国供应链关系的影响的变化，进而从宏观视角揭示跨国供应链形成的外部影响机制。

7.2 文献综述

7.2.1 宏观视角下的跨国供应链的关系

Gereffi（2014）认为，跨国供应链的研究议题已遍布微观层面的管理学、中观层面的产业经济学和宏观层面的国家竞争力领域；从国家竞争力角度来看，由于一国的发展能力与其在全球经济中的参与程度密切相关，实质是在跨国供应链中起到何种作用、扮演什么角色，故而跨国供应链已成为各国国际化发展的重要手段。从共建“一带一路”倡议的内涵可知，政策沟通、设施联通、贸易畅通和资金融通是共建国家合作的重点内容，与共建国家跨国供应链是如影随形的关系，是同一事物的不同方面。供应链管理的目的，主要是通过“链”上各个企业之间的合作与分工实现整个“链”上物流、商流（链上各个企业之间的关系形态）、信息流和资金流的合理化和优化，从而提高整条“链”的竞争能力（刘丽文，2003）。从宏观上看，共建“一带一路”国家之间政策沟通、设施联通、贸易畅通和资金融通分别对应供应链管理的信息流、物流、商流和资金流。共建“一带一路”国家之间的合作，必然落脚在跨国企业的供应链合作上。因此，共建“一带一路”国家合作关系的建立以及合作的开展与供应链关系的形成与维持具有“一体两面”的关系。

第一，加强政策沟通是共建“一带一路”的重要保障。通过加强政府间合作，积极构建多层次政府间宏观政策沟通交流机制，共建国家可以就经济发展战略和对策进行充分交流、对接，共同制定推进区域合作的规划和措施，协商解决合作中的问题，共同为务实合作及大型项目实施提供政策支持。在全球供应链模式下，每个企业都需要高质量的信息来应对商业环境中的不确定性，进而优化自身的决策过程（胡玲等，2018）。在供应链管理中，越重视知识获取活动，知识和信息流就增长得越快，从而越有利于提高供应链的绩效（Hult et al.，2004）。因此，国家之间的政治互信和信息交流是企业合作的重要基础和支撑。

第二，基础设施互联互通是共建“一带一路”的优先领域。共建国家宜加强基础设施建设规划、技术标准体系的对接，共同推进国际骨干通道建设，逐步形成连接亚洲各次区域以及亚欧非的基础设施网络。康纳（2016）认为全球供应链的发展正在“抹掉国界”，大规模的基础设施建设将世界交织为一体。他预计，未来40年的全球基础设施建设规模，将超过前4 000年建设的总和。所有国家都将成为全球供应链的一部分，世界将进入“非国家”状态。设施联通是共建“一带一路”的重要基础，需要共建国家进行紧密高效的物流合作（陆华等，2020）。寻求供应链的全球化，必然要求其中的物流服务由第三方甚至第四方来提供（杨三根、段钢，2005）。因此，国家之间设施联通的关键是物流合作。

第三，贸易畅通是共建“一带一路”的重点内容。共建国家应着力研究解决投资贸易便利化问题，消除投资和贸易壁垒，构建区域内和各国良好的营商环境，共同商建自由贸易区，激发释放合作潜力，做大做好合作“蛋糕”。由此来看，投资贸易活动是“一带一路”跨国供应链商流的主要体现。

第四，资金融通是共建“一带一路”的重要支撑。共建国家深化金融合作，推进亚洲货币稳定体系、投融资体系和信用体系建设，扩大共建双边本币互换、结算的范围和规模。根据麦肯锡发布的报告，全球可供融资的、安全度较高的应付账款规模高达2万亿美元。国际研究机构全球财务官（The Global Treasurer）指出，2016年全球供应链金融总额已经达到4 479亿美元，比2015年增长36%，2020年以后全球供应链金融的规模至少为5 000亿美元。[①]全球供应链涉及许多的要素流动，在当代的科技条件下，资金流、信息流的运转相对比较容易，而物流不畅、技术限制往往成为供应链循环的瓶颈。由于供应链环环相扣，核心技术、龙头企业等关键环节牵一发而动全身，是畅通供应链的重中之重。金融服务要牢牢抓住这些关键环节，加大对疏

① 转引自：宋华．全球供应链金融模式创新：发展与趋势［J］．物流研究，2020（1）：27-34.

通国际物流堵点和断点的支持，推动通关的便利化、海外仓的建设等相关基础设施的投融资，为更多企业通过技术合作、以自主创新融入全球供应链提供金融解决方案（张文思、吴富林，2020）。可见，资金融通是全球供应链效率提升的关键要素。

7.2.2 影响“一带一路”跨国供应链形成的共建国家环境因素

在供应链的基础上，Gereffi（1994）提出了全球供应链的概念。此后，Gereffi（2001）完善了全球供应链的概念，从产业组织、劳动效率、生产流程和资源禀赋四个维度阐述了全球供应链的内涵与意义。可见，Gereffi认为产业组织、劳动效率、生产流程和资源禀赋是全球供应链的关键要素。胡国良（2018）认为，影响全球供应链分工体系的因素，从微观的视角看，是企业劳动效率基础上的国际竞争力因素，从宏观视角看，是一个经济体在特定资源禀赋和产业政策共同作用基础上的行业国际竞争力或国家国际竞争力。胡江云（2020）认为，全球化背景下，全球货物贸易发展不仅连接供应链，而且促进了供应链形态的演变，各类经济体间、区域间和五大洲间的货物出口连接全球供应链，发展中国家连接原材料和资源的全球供应链，主要经济体之间形成全球供应链，不同类型产品形成世界范围的供应链。同时，关税壁垒增加了全球供应链的成本，非关税壁垒和大幅波动的汇率降低了全球供应链的效率。宋华和贾景姿（2014）构建的全球供应链管理的整合模型分为全球供应链形成和全球供应链运作两个大的理论框架，二者之间包含千丝万缕的联系和相互转化。国家地域的不同、资源优势的不同、制度与文化的不同等，综合起来成为国家层面全球供应链管理模式形成的动因（Dunning，1977；Peng，2003）；产业内产品特征的不同、产业的不确定程度和竞争程度不同等，综合起来成为产业层面全球供应链管理模式形成的动因（Vernon，1966；

Cantwell and Tolentino，1990）；公司规模和能力的不同，其需求的不同、在供应链中的历史与地位的不同等，综合起来成为公司层面全球供应链管理模式形成的动因（Buckley and Casson，1985）。本章探讨宏观层面全球供应链形成的动因，主要侧重于上述分类之中的国家层面和产业层面。寇亚明（2005）认为，产品结构日益复杂化、运输成本不断降低和信息技术的进步是全球供应链产生的客观基础，行业间、行业内和产品内的国际分工深化是全球供应链产生与发展的必然结果。向吉英和危旭芳（2013）认为，国际经济一体化、全球信息技术革命和供应链一体化是跨国供应链发展的现实基础和驱动要素。从以上研究来看，国家资源禀赋、产业政策、制度、文化、信息技术进步、运输成本、国际经济一体化等因素从整体上对跨国供应链的形成产生深刻影响。

从跨国供应链信息流、商流、物流和资金流的局部来看，宏观层面的已有文献对投资、贸易、物流等方面的研究较多，以下主要从这几个方面进行综述。宋华和贾景姿（2014）认为在跨国供应链管理领域，研究较多的是对外直接投资（Outward Foreign Direct Investment，OFDI），OFDI也是跨国供应链管理的一种特殊模式。OFDI指跨国企业在海外控制企业部分产权，并参与管理经营的商务活动。因此，从这个意义上讲，跨国供应链形成与OFDI具有直接关联性，影响OFDI的因素也是影响跨国供应链形成的因素。此外，投资与贸易之间具有千丝万缕的联系，Brainard（1993）、Blonigen和Wilson（1999）等学者认为投资与贸易具有替代关系。Swedenborg（1979）、Markuson（1983）、Helpman（1984）等学者则认为投资与贸易是一种互补关系，这种互补关系在垂直型跨国投资与中间产品贸易中体现得更为明显。

有关OFDI影响因素的文献汗牛充栋，以下对与共建“一带一路”

OFDI有关的文献进行梳理。自2013年以来，在共建“一带一路”背景下讨论中国OFDI影响因素的文献逐步增多，尤其是定量研究增速较快。定性研究方面，李燕和李应博（2014）综述了西方学者关于中国对外直接投资影响因素的研究，认为东道国因素、母国因素和两国之间的联系是主要原因：东道国因素包括市场规模、经济开放性、腐败治理水平等；母国因素包括经济基础、企业所有权性质、利率等；两国之间的联系包括汇率、地理距离、贸易、人口流动等。黄河和Nikita（2016）研究发现，从地缘政治的角度来看，共建“一带一路”面临的政治风险较为明显，亚欧大陆两大地理板块上，自东向西从东南亚、中亚、西亚到北非这一带形成了社会政治动荡风险辐射弧，这个风险带与共建“一带一路”的区域重合度较高，政治风险的挑战成为共建“一带一路”中企业跨国投资贸易的主要影响因素之一。定量研究方面，王胜和田涛（2013）研究发现，双边经济规模是影响中国OFDI对资源丰裕类国家区位选择的主要因素，除此之外，中国与东道国之间经贸往来的稳定性也是决定性因素，但是，运输成本和东道国技术水平等因素的影响不显著；影响中国对新兴市场经济国家直接投资的主要因素是东道国的投资自由程度及对外开放水平。姚战琪（2016）研究发现，共建“一带一路”国家稳定的政治环境和较高的政府效率、劳动力丰裕程度与直接投资效率显著正相关，而法律和腐败监管力度、通信基础设施发达程度则是不利因素。王军和黄卫冬（2016）研究发现，共建“一带一路”国家制度质量对中国OFDI具有显著的促进作用，但法律制度质量对中国OFDI则呈现负效应，政治制度质量对中国OFDI的影响不显著。林良沛和揭筱纹（2017）研究发现，中国对共建“一带一路”国家的直接投资与东道国市场规模、资源禀赋和政府治理等因素呈现显著正相关关系。许小平等（2016）利用2003—2012年“一带一路”沿线64个国家的面板数据进行实证分析，发现签订双边投资协定能够促进中国对外直接投资，并且对发展中国家的促进作用要比发达国家更加显著且效应更大。郭烨和许陈生（2016）研究发现，高层会晤有利于中国OFDI，而且中国领导人出访对中国OFDI的促进作用更大。陈升和张俊龙（2019）研究发现，共建“一带一路”国家的腐败控制、政府效率、监管质量、法治规则等制度水平对中国OFDI有正向影响。董有德等（2020）研究发现，中国OFDI对共建“一带一路”国家的基础设施存在正向促进效应，东道国腐败治理得好，将会增强中国OFDI对其基础设施的正向促进效应，东道国腐败治理得差，将会减弱中国OFDI对其基础设施的正向促进效应。胡必亮和张坤领（2021）研究发现，共建“一带一路”国家制度质量对中国OFDI的整体影响并不显著，说明制度因素可能并非中国OFDI考虑的主要因素。龙晓柏（2021）研究发现，中国对共建“一带一路”国家OFDI的形成机制不仅受中国与东道国总体交往和联系的紧密性影响，东道国经济禀赋条件与制度质量环境的影响也非常重要。何俊勇等（2021）研究发现，共建“一带一路”国家的金融开放度对获得中国OFDI有显著的正向效应，而且良好的制度安排能够显著增强东道国金融开放度对中国OFDI的正向促进作用。杨欢等（2022）研究发现，共建“一带一路”国家较重的税收负担、复杂的税制结构和低效的税收征管水平造成中国对外直接投资效率损失，而东道国税收透明度的提高可以显著改善中国对外直接投资的效率。张海伟等（2022）研究发现，共建“一带一路”国家腐败控制水平提升、市场经济环境更加自由，会正向影响中国对外直接投资，高贸易壁垒会对中国企业对外直接投资产生明显阻碍作用。

关于共建“一带一路”国家与中国贸易的研究，文献梳理如下：许和连和孙天阳（2015）实证检验了65个共建“一带一路”国家的高端制造业贸易的影响因素，结果显示，贸易、金融和货币自由度以及政府效能等制度因素对高端制造业贸易具有明显的正向促进作用；孙瑾和杨英俊（2016）研究发现，中国与14个共建“一带一路”国家的双边贸易成本近20年来总体呈下降趋势，贸易伙伴与中国的实际GDP差额、两国地理距离和贸易成本正相关，但是贸易伙伴的铁路密度、电话线路密度和互联网使用情况等基础设施因素，以及贸易开放度、贸易互补性等制度因素均与贸易成本负相关；俞路（2016）利用UN Comtrade、EFW、CEPII等数据库的数据研究发现，共建“一带一路”国家贸易的影响因素中，进出口双方的GDP、双边距离、贸易自由度、使用共同语言和共同的宗主国等因素对各国出口贸易产生显著的影响；种照辉和覃成林（2017）研究发现，国家间的空间邻近关系、文化差异、贸易协定关系、贸易结构及制度差异对于“一带一路”贸易网络具有显著影响；张艳艳和印梅（2018）研究发现，中国对共建“一带一路”国家出口贸易规模不断扩大，出口效率得到提升，这主要得益于贸易双方人均国内生产总值的提升和人口规模的增长；李晓钟等（2019）研究发现，经济发展水平、进口国人口数量、距离和是否为沿海国家是影响中国与共建“一带一路”国家出口贸易的重要因素，较高的金融自由度、良好的基础设施质量、频繁的文化交流、签订的自由贸易协定会促进中国对共建国家的出口贸易；曾兴（2020）研究发现，在共建“一带一路”倡议背景下，中国与南亚国家的贸易畅通对贸易流量的影响仅次于贸易开放度和国内生产总值，而金融与电子商务、政府营商环境则是促进贸易畅通的核心因素；黄莉芳和吴福象（2020）研究发现，共建“一带一路”国家中间品进口规模受本土和来源国市场容量的显著影响。

关于共建“一带一路”国家与中国物流、资金流的研究，文献梳理如下：许欣和张彦敏（2014）提出，跨国公司物流模式选择的影响因素包括三个方面：一是宏观环境因素，具体为目标市场的硬件设施条件和供应商及第三方物流公司的物流能力；二是行业与产业因素，具体为行业因素和产业特点；三是企业自身因素，具体为物流成本与企业自身的物流能力、企业的资金实力和企业的物流战略。杨宏伟等（2019）研究发现，碳约束、经济发展水平、信息化发展水平、交通基础设施等因素对共建“一带一路”物流业的发展起到了积极的促进作用。谢雨蓉等（2020）研究发现，物流运作效率、网络完善程度、国际协作、物流成本和需求规模等是影响中欧班列发展的关键因素。谢雨蓉（2020）提出共建“一带一路”倡议影响国际物流的因素分为四个维度：治理结构——以市场为主体、综合实力为支撑推进物流体系建设；空间格局——构建海陆双向物流大通道；科学技术——智慧物流与跨境电商市场广阔；规则体系——推动陆路物流规则统一与完善。林乐芬和王少楠（2016）研究发现，经济规模、对外直接投资、贸易规模、经济自由度等因素显著影响共建“一带一路”进程中人民币的国际化水平。赵慧和张浓（2020）研究发现，在共建“一带一路”国家，影响人民币发挥“货币锚”作用的因素主要包括政治稳定性差异、贸易网络外部性、实际GDP和所在国的通货膨胀史，其中贸易网络外部性对人民币“货币锚”地位有显著的促进作用，经济规模的促进作用较小，而所在国的通货膨胀史抑制了人民币发挥“货币锚”的作用。余川江等（2020）研究认为，中国与南亚国家间的资金融通主要面临政治和社会两方面的挑战。

7.2.3 文献评述

从以上文献综述来看，在宏观视角下对跨国供应链关系的研究并不多见，主要是由于供应链发端于微观企业，在全球化进程中，全球供应链的产生和发展涉及的宏观环境因素较为复杂（宋华、贾景姿，2014）。从供应链的思想内涵出发，政策沟通、设施联通、贸易畅通和资金融通，大致对应于全球供应链的信息流、物流、商流和资金流。进一步，全球供应链的影响因素包含国家、产业和企业三个层面，本章主要探讨宏观层面的影响因素，重点涉及国家制度、产业政策、投资贸易规则等。关于共建“一带一路”国家与中国投资、贸易、物流等的影响因素的研究中，对经济发展环境、基础设施状况、政治社会因素、投资贸易规则等影响因素的探讨较多，为本章的研究奠定了坚实基础。在以往的研究中，共建“一带一路”情境涉及面较广，关于投资、贸易的影响因素的研究自2013年之后逐年增加，尤其是定量研究增长较快，但各文献的研究时期、研究对象、研究方法各异，所得结论各有千秋。在已有文献中，鲜有对“一带一路”跨国供应链形成的影响因素的专题研究，这为本章的研究留下了探索的空间。

7.3 研究设计

7.3.1 变量选择与定义

选取变量时，由于无法得到共建国家与中国合作关系的面板数据，因此本章利用两个截面数据进行对比研究。第一个截面选取2015年，这是共建“一带一路”倡议的全面启动和实施时期，《推动共建丝绸之路经济带和21世纪海上丝绸之路的愿景与行动》发布，以此作为基点期；第二截面选取2018年，这是共建“一带一路”倡议的发展和提高时期，“一带一路”建设从谋篇布局的“大写意”转入精耕细作的“工笔画”，以此作为对比期。

1）跨国供应链关系指标选取

共建“一带一路”中跨国供应链关系的形成过程，首先是中国企业“走出去”，中国企业能否在共建“一带一路”国家构建跨国供应链决定了跨国供应链能否形成。因此，本章以共建“一带一路”倡议中的“五通”为基础，利用设施联通度、贸易畅通度、资金融通度刻画中国与共建“一带一路”国家跨国供应链之中的物流、信息流、商流和资金流。主要指标选取源自北京大学发布的《“一带一路”沿线国家五通指数研究报告》，如表7-1所示。

表7-1　　**共建“一带一路”国家跨国供应链指标体系**

一级指标	二级指标	三级指标
信息流/政策沟通度	合作基础	高层交流频次
		“一带一路”框架下的国际合作机制
	合作成果	“一带一路”框架下的战略对接
		“一带一路”框架下的文件签署
		政策沟通有效性
物流/设施联通度	交通设施	交通设施联通度
		中欧班列联通度
	能源设施	石油输送力
		天然气输送力
		电力输送力
商流/贸易畅通度	畅通程度	双边贸易便利度
		双边货物贸易总额
		双边投资总额
	产能合作	中国对外承包工程
		中国对外劳务合作
资金流/资金融通度	金融合作	货币互换合作
		金融监管合作
		开发银行合作
		商业银行合作

资料来源：“Five Connectivity Index” Research Group of Peking University. Fifth anniversary of the Belt and Road Initiative: a thorough understanding helps push forward steadily [R/OL]. [2024-11-04]. http://ocean.pku.edu.cn/info/1165/3077.htm.

2）跨国供应链关系形成的影响因素指标选取

从共建“一带一路”国家投资、贸易环境来看，共建“一带一路”中跨国供应链形成的影响因素具有自己的特性，不能用西方的标准来研判，因为共建“一带一路”国家的对外直接投资和进出口贸易与世界其他经济体有较大不同，用普遍适用的因素进行分析可能会造成结论偏误。本章将选择基础设施质量变量反映各国基础设施状况，选择物流服务能力和质量、追踪和查询货物能力、国际运输便利性、海关、货物运输及时性等变量反映各国国际物流运营能力及国际运输便利性（阿维斯等，2017；黄伟新、龚新蜀，2014；康晓玲、宁婧，2016；孙慧、李建军，2016），选择人口数量变量反映各国市场规模，选择GDP变量反映各国经济发展状况，选择投资流量占GDP比重、对外贸易依存度等变量反映各国对外开放水平，选择关税、贸易自由度、投资自由度等变量反映投资和贸易制度的灵活性和松紧度，选择政治稳定性反映各国政治的安定程度，选择法律制度完整性、官僚、犯罪的经济成本等变量反映各国法律法规及社会环境的和谐程度（在第二截面分析过程中，由于原数据库中官僚、犯罪的经济成本变量发生变更，故调整为公正的公共行政和合同的法律执行两个变量）。具体含义见表7-2。

表7-2　**变量定义及说明**

变量名称	变量含义	数据来源
基础设施	基础设施质量	世界银行
物流质量与竞争力	物流服务能力和质量	世界银行
货物追踪与追溯	追踪和查询货物能力	世界银行
国际货运	国际运输便利性	世界银行
海关	海关	世界银行

续表

变量名称	变量含义	数据来源
国际运输时间与成本	货物运输及时性	世界银行
市场规模	人口数量	国际货币基金组织
经济发展水平	GDP	国际货币基金组织
贸易自由度	贸易自由度指数	美国传统基金会
投资自由度	投资自由度指数	美国传统基金会
关税	关税税率	联合国贸发会议
吸收外国直接投资程度	吸收直接投资流量/GDP	联合国贸发会议
对外贸易依存度	进出口总额/GDP	世界银行
政治稳定性	政治稳定性（无恐怖暴力）	世界银行全球治理指标
官僚	与政府人员交涉成本	菲沙研究所
法律制度完善度	法律制度完整性	菲沙研究所
犯罪成本	犯罪的经济成本	菲沙研究所

7.3.2 样本与数据来源

本章研究共建“一带一路”国家环境对跨国供应链关系形成的影响，研究样本为65个共建“一带一路”国家。由于本章利用共建“一带一路”国家与中国的政策沟通、设施联通、贸易畅通和资金融通数据，故样本中不包含中国。另外，因巴勒斯坦的多个数据缺失，故予以剔除，最后保留63个国家样本。变量数据主要来源包括世界银行、国际货币基金组织、联合国、中国国家统计局相关数据库，具体见表7-2。研究时期选取两个截面，分别为2015—2016年和2018—2019年。由于本章所涉及的影响因素变量较多，共建“一带一路”国家环境变量采用因子分析方法，将变量降维为若干新变量，并对因子重新命名，利用新的因子进行后续分析。

7.3.3 模型设定

因子分析方法较为常用，相关模型不再赘述。根据本章研究目的，建立共建“一带一路”国家环境变量与跨国供应链关系的多元回归模型，具体如下：

$$SCM\_T = \alpha + \beta X + \varepsilon \tag{7-1}$$

$$SCM = \alpha + \beta X + \varepsilon \tag{7-2}$$

模型（7-1）中，*SCM_T*表示跨国供应链中的信息流、物流、商流和资金流，*X*表示共建“一带一路”国家环境变量。模型（7-2）中，*SCM*表示跨国供应链关系形成程度，即信息流、物流、商流和资金流四流合一程度。

7.4 实证结果与分析

7.4.1 跨国供应链关系形成程度分析

由前文可知，通过上市公司数据能够构建微观层面的跨国供应链关系，但无法获取宏观层面的环境变量数据，故而本章利用《“一带一路”沿线国家五通指数研究报告》中的部分指标构建宏观层面的跨国供应链关系。如表7-3所示，2015年共建“一带一路”国家跨国供应链关系指数“四流合一”评分中，俄罗斯、马来西亚、印度尼西亚、泰国、哈萨克斯坦、蒙古国、新加坡、巴基斯坦、越南、乌兹别克斯坦等国家排名前10位。从信息流指标来看，俄罗斯、巴基斯坦、老挝、马来西亚、泰国、柬埔寨、蒙古国、斯里兰卡、哈萨克斯坦、印度等国家排名前10位。从物流指标来看，俄罗斯、哈萨克斯坦、乌兹别克斯坦、越南、缅甸、土库曼斯坦、捷克、蒙古国、马来西亚、印度尼西亚等国家排名前10位。从商流指标来看，新加坡、印度尼西亚、俄罗斯、马来西亚、泰国、哈萨克斯坦、越南、沙特阿拉伯、土耳其、蒙古国等国家排名前10位。从资金流指标来看，俄罗斯、马来西亚、印度尼西亚、泰国、新加坡、蒙古国、巴基斯坦、阿拉伯联合酋长国、土耳其、卡塔尔等国家排名前10位。

表7-3　　2015年“一带一路”跨国供应链关系指数值

序号	国家	信息流	物流	商流	资金流	四流合一
1	俄罗斯	4.58	4.67	3.39	3.50	16.14
2	马来西亚	4.03	2.90	3.38	3.50	13.81
3	印度尼西亚	3.48	2.89	3.54	3.50	13.41
4	泰国	3.98	2.41	3.31	3.50	13.20
5	哈萨克斯坦	3.76	3.93	3.03	2.00	12.72
6	蒙古国	3.95	2.91	2.73	3.00	12.59
7	新加坡	3.02	2.00	3.78	3.50	12.30
8	巴基斯坦	4.40	2.00	2.71	3.00	12.11
9	越南	3.08	3.41	2.85	2.50	11.84
10	乌兹别克斯坦	3.35	3.47	2.21	2.00	11.03
11	印度	3.75	2.00	2.34	2.50	10.59
12	阿拉伯联合酋长国	2.23	2.51	2.64	3.00	10.38
13	老挝	4.05	1.40	2.25	2.50	10.20
14	斯里兰卡	3.79	2.00	2.37	2.00	10.16
15	土耳其	2.28	2.00	2.77	3.00	10.05
16	柬埔寨	3.96	2.00	2.31	1.50	9.77
17	缅甸	2.78	3.10	2.20	1.50	9.58
18	白俄罗斯	3.46	2.00	2.03	2.00	9.49

续表

序号	国家	信息流	物流	商流	资金流	四流合一
19	卡塔尔	1.55	2.03	2.59	3.00	9.17
20	伊朗	2.16	2.64	2.60	1.00	8.40
21	菲律宾	1.96	2.40	2.51	1.50	8.37
22	埃及	2.19	1.82	2.06	2.00	8.07
23	吉尔吉斯斯坦	2.44	2.40	2.21	1.00	8.05
24	塔吉克斯坦	3.13	2.00	1.82	1.00	7.95
25	土库曼斯坦	3.09	3.00	1.74	0.00	7.83
26	科威特	1.60	1.50	2.22	2.50	7.82
27	沙特阿拉伯	1.84	2.00	2.78	1.00	7.62
28	波兰	2.71	2.00	1.87	1.00	7.58
29	罗马尼亚	3.07	1.82	1.63	1.00	7.52
30	以色列	2.30	1.00	2.08	2.00	7.38
31	文莱	1.77	1.40	1.69	2.50	7.36
32	乌克兰	2.85	1.00	2.40	1.00	7.25
33	捷克	2.06	3.00	2.17	0.00	7.23
34	尼泊尔	3.39	1.00	1.56	1.00	6.95
35	孟加拉国	2.55	1.00	2.12	1.00	6.67
36	匈牙利	2.48	1.00	2.19	1.00	6.67
37	约旦	1.76	1.00	1.84	2.00	6.60
38	阿塞拜疆	1.46	2.40	1.68	1.00	6.54
39	格鲁吉亚	1.24	2.00	2.12	1.00	6.36
40	斯洛伐克	1.86	2.00	2.13	0.00	5.99
41	马尔代夫	1.58	2.00	1.13	1.00	5.71
42	亚美尼亚	1.88	1.00	1.65	1.00	5.53
43	阿尔巴尼亚	1.97	1.00	1.39	1.00	5.36

续表

序号	国家	信息流	物流	商流	资金流	四流合一
44	伊拉克	1.34	1.66	2.24	0.00	5.24
45	阿富汗	2.83	1.00	1.39	0.00	5.22
46	塞尔维亚	2.49	1.00	1.71	0.00	5.20
47	阿曼	1.28	1.00	1.67	1.00	4.95
48	保加利亚	1.86	1.00	1.92	0.00	4.78
49	克罗地亚	2.25	1.00	1.40	0.00	4.65
50	巴林	1.74	1.00	1.81	0.00	4.55
51	也门	1.06	1.86	1.60	0.00	4.52
52	拉脱维亚	1.62	1.00	1.77	0.00	4.39
53	斯洛文尼亚	1.52	1.00	1.74	0.00	4.26
54	摩尔多瓦	1.58	1.00	1.60	0.00	4.18
55	马其顿	1.72	1.00	1.39	0.00	4.11
56	爱沙尼亚	1.18	1.00	1.75	0.00	3.93
57	黑山	1.52	1.00	1.38	0.00	3.90
58	立陶宛	1.18	1.00	1.67	0.00	3.85
59	黎巴嫩	0.94	1.00	1.86	0.00	3.80
60	东帝汶	0.96	1.00	1.45	0.00	3.41
61	叙利亚	1.14	1.00	1.13	0.00	3.27
62	波黑	1.40	0.00	1.36	0.00	2.76
63	不丹	0.30	0.00	0.98	0.00	1.28

数据来源：北京大学“一带一路”五通指数研究课题组．“一带一路”沿线国家五通指数报告［M］．北京：经济日报出版社，2016：52-64.

如表7-4所示，2018年“一带一路”跨国供应链关系指数“四流合一”评分中，俄罗斯、新加坡、哈萨克斯坦、蒙古国、马来西亚、巴基斯坦、泰国、柬埔寨、印度尼西亚、土耳其等国家排名前10位。从信息流指标来看，俄罗斯、柬埔寨、巴基斯坦、哈萨克斯坦、老挝、蒙古国、塞尔维亚、匈牙利、波兰、捷克等国家排名前10位。从物流指标来看，俄罗斯、伊朗、沙特阿拉伯、缅甸、蒙古国、土耳其、土库曼斯坦、阿曼、波兰、哈萨克斯坦等国家排名前10位。从商流指标来看，新加坡、马来西亚、沙特阿拉伯、俄罗斯、哈萨克斯坦、越南、柬埔寨、阿拉伯联合酋长国、印度、科威特等国家排名前10位。从资金流指标来看，新加坡、印度尼西亚、阿拉伯联合酋长国、巴基斯坦、泰国、马来西亚、俄罗斯、土耳其、蒙古国、哈萨克斯坦等国家排名前10位。

表7-4　　2018年“一带一路”跨国供应链关系指数值

序号	国家	信息流	物流	商流	资金流	四流合一
1	俄罗斯	12.93	12.94	13.77	9.37	49.01
2	新加坡	9.33	5.79	15.84	12.00	42.96
3	哈萨克斯坦	11.94	7.41	13.76	9.08	42.19
4	蒙古国	11.68	7.92	12.64	9.30	41.54
5	马来西亚	9.03	6.05	15.45	9.75	40.28
6	巴基斯坦	12.33	4.53	12.21	10.01	39.08
7	泰国	10.24	4.67	12.19	9.77	36.87
8	柬埔寨	12.90	4.34	12.89	6.20	36.33
9	印度尼西亚	7.69	4.67	12.40	11.39	36.15
10	土耳其	8.74	7.82	10.21	9.37	36.14
11	越南	9.89	5.72	13.14	6.98	35.73
12	阿拉伯联合酋长国	4.76	6.49	12.80	10.87	34.92
13	白俄罗斯	10.77	6.28	9.52	7.87	34.44
14	波兰	11.14	7.43	10.87	4.87	34.31
15	匈牙利	11.26	4.87	9.47	8.62	34.22
16	老挝	11.83	3.85	11.92	6.17	33.77
17	菲律宾	9.78	4.14	12.63	6.55	33.10

续表

序号	国家	信息流	物流	商流	资金流	四流合一
18	卡塔尔	6.73	5.21	12.37	8.62	32.93
19	伊朗	6.74	9.74	11.62	4.12	32.22
20	乌克兰	7.88	6.46	9.27	7.50	31.11
21	印度	4.98	4.92	12.78	8.25	30.93
22	塔吉克斯坦	7.59	4.72	9.46	9.07	30.84
23	沙特阿拉伯	6.56	8.26	14.73	1.12	30.67
24	科威特	7.24	5.60	12.76	4.87	30.47
25	乌兹别克斯坦	9.85	5.84	9.90	4.62	30.21
26	缅甸	9.00	8.16	11.02	1.98	30.16
27	捷克	10.78	6.95	8.35	3.75	29.83
28	塞尔维亚	11.67	4.38	9.81	3.75	29.61
29	吉尔吉斯斯坦	10.41	4.14	9.72	4.55	28.82
30	斯里兰卡	6.77	4.58	12.08	4.65	28.08
31	孟加拉国	6.73	4.77	12.57	2.16	26.23
32	埃及	6.56	4.63	9.63	5.25	26.07
33	尼泊尔	7.59	3.42	10.29	4.71	26.01
34	阿曼	7.24	7.46	10.39	0.37	25.46
35	以色列	4.08	5.06	11.63	4.12	24.89
36	亚美尼亚	7.24	4.77	8.20	4.54	24.75
37	土库曼斯坦	6.90	7.63	9.21	0.38	24.12
38	立陶宛	7.56	3.71	9.03	3.75	24.05
39	格鲁吉亚	7.20	5.25	10.29	1.19	23.93
40	巴林	3.35	5.21	9.89	4.87	23.32
41	阿尔巴尼亚	7.46	4.09	7.46	3.75	22.76
42	保加利亚	8.04	4.58	9.72	0.00	22.34
43	斯洛伐克	8.06	6.08	7.68	0.00	21.82

续表

序号	国家	信息流	物流	商流	资金流	四流合一
44	罗马尼亚	7.87	2.93	10.58	0.37	21.75
45	黑山	8.25	3.75	9.57	0.00	21.57
46	爱沙尼亚	7.82	5.30	7.87	0.00	20.99
47	阿塞拜疆	6.04	5.11	8.52	1.16	20.83
48	斯洛文尼亚	8.17	4.24	8.30	0.00	20.71
49	阿富汗	7.03	4.24	8.23	0.96	20.46
50	马尔代夫	6.90	4.24	8.13	0.77	20.04
51	约旦	3.47	4.05	11.83	0.37	19.72
52	拉脱维亚	7.70	3.42	8.53	0.00	19.65
53	文莱	4.38	4.82	8.88	1.50	19.58
54	伊拉克	1.93	5.97	11.31	0.00	19.21
55	波黑	8.04	2.98	7.93	0.00	18.95
56	克罗地亚	7.91	3.61	7.39	0.00	18.91
57	东帝汶	5.63	3.57	8.46	0.78	18.44
58	马其顿	7.45	3.57	7.21	0.00	18.23
59	黎巴嫩	6.04	2.45	9.06	0.37	17.92
60	摩尔多瓦	5.95	4.29	5.46	0.00	15.70
61	也门	2.10	3.75	8.76	0.00	14.61
62	不丹	1.33	3.42	8.41	0.43	13.59
63	叙利亚	2.79	3.57	6.45	0.00	12.81

资料来源："Five Connectivity Index" Research Group of Peking University. Fifth anniversary of the Belt and Road Initiative: a thorough understanding helps push forward steadily [R/OL]. [2024-11-04]. http://ocean.pku.edu.cn/info/1165/3077.htm.

如表7-5所示，从"一带一路"跨国供应链关系指数的国家变化来看，在2015年和2018年两个时点上共建国家的位次发生了变化。从“四流合一”指标来看，新加坡、哈萨克斯坦、蒙古国、柬埔寨、土耳其等国家与中国的供应链关系指数位次有所提升。从信息流指标来看，柬埔寨、哈萨克斯坦、塞尔维亚、匈牙利、波兰和捷克等国家与中国的供应链关系指数位次有所提升。从物流指标来看，伊朗、沙特阿拉伯、缅甸、土耳其、阿曼、波兰等国家与中国的供应链关系指数位次有所提升。从商流指标来看，马来西亚、沙特阿拉伯、柬埔寨、阿拉伯联合酋长国、印度和科威特等国家与中国的供应链关系指数位次有所提升。从资金流指标来看，阿联酋、巴基斯坦、哈萨克斯坦等国家与中国的供应链关系指数位次有所提升。

表7-5　“一带一路”跨国供应链关系指数的国家变化

指标	2015年的结果	2018年的结果
四流合一	俄罗斯、马来西亚、印度尼西亚、泰国、哈萨克斯坦、蒙古国、新加坡、巴基斯坦、越南*、乌兹别克斯坦*	俄罗斯、新加坡、哈萨克斯坦、蒙古国、马来西亚、巴基斯坦、泰国、柬埔寨*、印度尼西亚、土耳其*
信息流	俄罗斯、巴基斯坦、老挝、马来西亚*、泰国*、柬埔寨、蒙古国、斯里兰卡*、哈萨克斯坦、印度*	俄罗斯、柬埔寨、巴基斯坦、哈萨克斯坦、老挝、蒙古国、塞尔维亚*、匈牙利*、波兰*、捷克*
物流	俄罗斯、哈萨克斯坦、乌兹别克斯坦*、越南*、缅甸、土库曼斯坦、捷克*、蒙古国、马来西亚*、印度尼西亚*	俄罗斯、伊朗*、沙特阿拉伯*、缅甸、蒙古国、土耳其*、土库曼斯坦、阿曼*、波兰*、哈萨克斯坦

续表

指标	2015年的结果	2018年的结果
商流	新加坡、印度尼西亚*、俄罗斯、马来西亚、泰国*、哈萨克斯坦、越南、沙特阿拉伯、土耳其*、蒙古国*	新加坡、马来西亚、沙特阿拉伯、俄罗斯、哈萨克斯坦、越南、柬埔寨*、阿拉伯联合酋长国*、印度*、科威特*
资金流	新加坡、印度尼西亚、俄罗斯、马来西亚、泰国、土耳其、蒙古国、巴基斯坦、阿拉伯联合酋长国、卡塔尔*	新加坡、印度尼西亚、阿拉伯联合酋长国、巴基斯坦、泰国、马来西亚、俄罗斯、土耳其、蒙古国、哈萨克斯坦*

注：根据表7-3和表7-4的数据整理，表格内分别列示各指标排序前10的国家，其中，标*的国家在2015年和2018年发生变化，未标*的国家在2015年和2018年未发生变化。

7.4.2 共建“一带一路”国家环境分析

为便于后续分析，将跨国供应链形成的影响因素变量利用因子分析方法进行降维，对第一、二截面的17个变量进行主成分变换。KMO和Bartlett的检验结果显示，Kaiser-Meyer-Olkin值为0.822和0.830，Bartlett检验值近似卡方值为944.724（*df*=136，*sig*.=0.000）和1 128.558（*df*=136，*sig*.=0.000）。第一截面数据按照特征值大于1的原则提取5个主成分，累计方差贡献率为83.012%，大于80%，说明这5个主成分能够较好地综合所有变量的信息（见表7-6）。第二截面数据按照特征值大于1的原则提取5个主成分，累计方差贡献率为84.798%，大于80%，说明这5个主成分能够较好地综合所有变量的信息（见表7-7）。

表7-6 **总方差解释**

成分	初始特征值			提取载荷平方和			旋转载荷平方和		
	总计	方差贡献率（%）	累计贡献率（%）	总计	方差贡献率（%）	累计贡献率（%）	总计	方差贡献率（%）	累计贡献率（%）
1	7.596	44.682	44.682	7.596	44.682	44.682	5.662	33.309	33.309
2	2.612	15.366	60.048	2.612	15.366	60.048	2.611	15.360	48.669
3	1.707	10.041	70.088	1.707	10.041	70.088	2.471	14.535	63.205
4	1.190	7.001	77.089	1.190	7.001	77.089	1.853	10.903	74.107
5	1.007	5.923	83.012	1.007	5.923	83.012	1.514	8.905	83.012
6	0.622	3.659	86.672						
7	0.510	3.000	89.672						
8	0.381	2.243	91.915						
9	0.303	1.781	93.696						
10	0.241	1.415	95.110						
11	0.225	1.323	96.433						
12	0.165	0.971	97.404						
13	0.140	0.825	98.229						
14	0.125	0.735	98.964						
15	0.084	0.493	99.458						
16	0.053	0.312	99.770						
17	0.039	0.230	100.000						

表 7-7　**总方差解释**

成分	初始特征值			提取载荷平方和			旋转载荷平方和		
	总计	方差贡献率（%）	累计贡献率（%）	总计	方差贡献率（%）	累计贡献率（%）	总计	方差贡献率（%）	累计贡献率（%）
1	6.893	40.546	40.546	6.893	40.546	40.546	5.713	33.607	33.607
2	3.199	18.820	59.366	3.199	18.820	59.366	3.177	18.689	52.296
3	2.019	11.877	71.243	2.019	11.877	71.243	2.201	12.948	65.244
4	1.248	7.338	78.581	1.248	7.338	78.581	1.860	10.940	76.184
5	1.057	6.217	84.798	1.057	6.217	84.798	1.465	8.615	84.798
6	0.554	3.261	88.059						
7	0.494	2.904	90.963						
8	0.436	2.563	93.526						
9	0.390	2.294	95.820						
10	0.215	1.267	97.087						
11	0.135	0.796	97.883						
12	0.125	0.738	98.621						
13	0.079	0.465	99.086						
14	0.059	0.347	99.433						
15	0.038	0.221	99.654						
16	0.034	0.200	99.854						
17	0.025	0.146	100.000						

按照最大方差法对因子进行旋转，第一、二截面数据得到旋转后的成分矩阵（见表7-8和表7-9），可知从两个截面数据得到的5个新因子基本相同，需要对新的因子重新命名。其中，物流服务能力和质量、追踪和查询货物能力、基础设施质量、国际运输便利性、海关、货物运输及时性等6个变量均与基础设施和物流有关，命名为“基础设施与物流因素”（*logistics*）；关税率、关税水平、国际贸易自由、投资自由度等4个变量与投资与贸易环境有关，命名为“投资与贸易规则因素”（*rules*）；法律制度完善度、商业规范、政治稳定性、人均GDP、非贸易壁垒等5个变量与社会环境与政治有关，命名为“社会环境与政治因素”（*political*）；人口数量、GDP等2个指标与市场和经济发展有关，命名为“经济发展与市场因素”（*market*）；吸收外资依存度、对外贸易依存度等2个变量反映经济对外开放程度，命名为“经济对外开放程度因素”（*opening*）。

表7-8　　**第一截面数据旋转后的成分矩阵**

变量	成分				
	1	2	3	4	5
物流服务能力和质量	0.941				
追踪和查询货物能力	0.916				
基础设施质量	0.884				
国际运输便利性	0.882				
海关	0.877				
货物运输及时性	0.816				
犯罪的经济成本		0.874			
法律制度完善度		0.827			
官僚		-0.661			

续表

变量	成分				
	1	2	3	4	5
政治稳定性		0.580			
关税			-0.903		
贸易自由度			0.861		
投资自由度			0.717		
人口数量				0.926	
GDP				0.910	
吸收外国直接投资程度					0.942
对外贸易依存度					0.643

表7-9　　　　**第二界面数据旋转后的成分矩阵**

变量	成分				
	1	2	3	4	5
物流服务能力和质量	0.966				
追踪和查询货物能力	0.965				
国际运输便利性	0.959				
基础设施质量	0.954				
货物运输及时性	0.949				
海关	0.943				
商业法规		0.899			
制度完善程度		0.857			
合同的法律执行		0.827			
公正的公共行政		0.816			

续表

变量	成分				
	1	2	3	4	5
关税			-0.823		
投资自由度			0.780		
贸易自由度			0.757		
人口数量				0.957	
GDP				0.933	
吸收外国直接投资程度					0.828
对外贸易依存度					0.807

7.4.3 共建“一带一路”国家环境对跨国供应链形成的影响分析

1）第一截面数据回归结果分析

以跨国供应链关系形成作为因变量，因子分析后得到的共建“一带一路”国家环境的5个新变量作为自变量，利用模型（7-1）采用OLS方法对变量进行估计。第一截面数据回归结果表明，各模型判定系数R^2较小，说明回归方程中的自变量对因变量变异的解释程度还不理想，主要原因是OLS回归的自变量是通过因子分析得到的，因子分析的优点是综合大量信息，使具有共同本质的变量归入一个因子，使变量数目减少，尽管这可以使测量更符合理论要求，但同时损失了一些信息，从而使变量的效度降低。从表7-10中模型（1）的回归结果来看，社会环境与政治因素（*political*）和投资与贸易规则因素（*rules*）对信息流影响的回归系数分别为-0.248（$P<0.05$）和-0.232（$P<0.1$），表明共建“一带一路”国家社会环境与政治因素、投资与贸易规则因素对跨国供应链信息流具有一定阻碍作用。经济发展与市

场因素（*market*）对信息流的影响回归系数为0.317（*P*<0.01），表明经济发展与市场因素对跨国供应链信息流具有显著的促进作用。从模型（2）的回归结果来看，投资与贸易规则因素（*rules*）对物流的影响回归系数为-0.22（*P*<0.1），表明共建“一带一路”国家投资与贸易规则因素对跨国供应链物流具有一定阻碍作用。经济发展与市场因素（*market*）对物流的影响回归系数为0.238（*P*<0.05），表明经济发展与市场因素对跨国供应链物流具有显著的促进作用。从模型（3）的回归结果来看，基础设施与物流因素（*logistics*）和经济发展与市场因素（*market*）对商流的影响回归系数分别为0.288（*P*<0.01）和0.19（*P*<0.01），表明基础设施与物流因素、经济发展与市场因素对跨国供应链商流具有显著的促进作用。从模型（4）的回归结果来看，基础设施与物流因素（*logistics*）和经济发展与市场因素（*market*）对资金融通的影响回归系数分别为0.409（*P*<0.01）和0.393（*P*<0.01），表明基础设施与物流因素、经济发展与市场因素对跨国供应链资金流具有显著的促进作用。投资与贸易规则因素（*rules*）对资金流影响的回归系数为-0.248（*P*<0.1），表明共建“一带一路”国家投资与贸易规则因素对跨国供应链资金流具有一定阻碍作用。从模型（5）的回归结果来看，基础设施与物流因素（*logistics*）和经济发展与市场因素（*market*）对资金融通的影响回归系数分别为0.935（*P*<0.05）和1.139（*P*<0.01），表明基础设施与物流因素、经济发展与市场因素对跨国供应链关系形成具有显著的促进作用。投资与贸易规则因素（*rules*）对跨国供应链关系形成的影响回归系数分别为-0.762（*P*<0.05），表明共建“一带一路”国家投资与贸易规则因素对跨国供应链关系形成具有一定阻碍作用。从以上回归结果来看，经济对外开放程度因素对跨国供应链关系形成的影响不显著，基础设施与物流因素对跨国供应链商流和资金流具有显著的促进作用，经济发展与市场

因素对跨国供应链关系形成具有显著的促进作用，社会环境与政治因素对跨国供应链信息流具有显著的抑制作用，对物流、商流和资金流的负向影响不显著。

表 7-10 **回归结果**

变量	(1)	(2)	(3)	(4)	(5)
	信息流	物流	商流	资金流	四流合一
logistics	0.155 (1.333)	0.084 (0.749)	0.288*** (4.363)	0.409*** (3.063)	0.935** (2.647)
political	−0.248** (−2.139)	−0.072 (−0.640)	−0.077 (−1.161)	−0.064 (−0.480)	−0.460 (−1.303)
rules	−0.232* (−1.998)	−0.220* (−1.970)	−0.062 (−0.943)	−0.248* (−1.857)	−0.762** (−2.157)
market	0.317*** (2.736)	0.238** (2.130)	0.190*** (2.880)	0.393*** (2.945)	1.139*** (3.223)
opening	0.109 (0.938)	0.070 (0.629)	0.069 (1.050)	0.126 (0.943)	0.374 (1.059)
常数项	2.361*** (20.524)	1.770*** (15.954)	2.093*** (31.971)	1.262*** (9.531)	7.486*** (21.362)
R^2	0.247	0.147	0.350	0.284	0.304
调整 R^2	0.181	0.072	0.293	0.221	0.243

注：$*P<0.1$，$**P<0.05$，$***P<0.01$。

2）第二截面数据回归结果分析

利用第二截面数据回归结果如表 7-11 所示。从模型（1）的回归结果来看，基础设施与物流因素（*logistics*）、投资与贸易规则因素（*rules*）和经济对外开放程度因素（*opening*）对信息流的影响回归系数分别为0.606（$P<0.1$）、0.669（$P<0.05$）和0.739（$P<0.05$），表明基础设施与物流因素、投资与贸易规则因素和经济对外开放因素对跨国供应链信息流的形成具有显著的促进作用。从模型（2）的回归结果来看，经济发展与市场因素（*market*）对物流的影响回归系数为0.362（$P<0.15$），表明经济发展与市场因素对跨国供应链物流的形成具有一定促进作用，但不是很显著。从模型（3）的回归结果来看，基础设施与物流因素（*logistics*）和经济发展与市场因素（*market*）对商流的影响回归系数分别为0.493（$P<0.1$）和0.777（$P<0.01$），表明基础设施与物流因素和经济发展与市场因素对跨国供应链商流的形成具有显著的促进作用。从模型（4）的回归结果来看，基础设施与物流因素（*logistics*）和经济发展与市场因素（*market*）对资金流的影响回归系数分别为0.981（$P<0.05$）和1.352（$P<0.01$），表明基础设施与物流因素和经济发展与市场因素对跨国供应链资金流的形成具有显著的促进作用。从模型（5）的回归结果来看，基础设施与物流因素（*logistics*）和经济发展与市场因素（*market*）对跨国供应链关系形成的影响回归系数分别为2.36（$P<0.05$）和2.572（$P<0.01$），表明基础设施与物流因素和经济发展与市场因素对跨国供应链关系的形成具有显著的促进作用。经济对外开放程度因素（*opening*）对跨国供应链关系的影响系数在0.15的显著性水平下通过检验，表明经济对外开放因素对跨国供应链关系的形成具有一定促进作用，但不是很显著。从以上回归结果来看，社会环境与政治因素、投资与贸易规则因素对跨国供应链关系形成的影响不显著，基础设施与物流因素、经济发展与市场因素对跨国供应链关系形成具有显著的促进作用，经济对外开放因素对跨国供应链关系形成的影响具有一定促进作用，但不是很显著。

表 7-11 **回归结果**

变量	(1) 信息流	(2) 物流	(3) 商流	(4) 资金流	(5) 四流合一
logistics	0.606* (1.899)	0.280 (1.226)	0.493* (1.871)	0.981** (2.242)	2.360** (2.507)
political	−0.296 (−0.927)	0.062 (0.271)	0.243 (0.924)	0.376 (0.860)	0.385 (0.410)
rules	0.669** (2.096)	−0.303 (−1.326)	−0.269 (−1.019)	0.018 (0.042)	0.116 (0.123)
market	0.081 (0.255)	0.362# (1.587)	0.777*** (2.950)	1.352*** (3.092)	2.572*** (2.735)
opening	0.739** (2.317)	−0.089 (−0.392)	0.269 (1.021)	0.578 (1.322)	1.497# (1.591)
_cons	7.734*** (24.441)	5.235*** (23.135)	10.356*** (39.612)	4.076*** (9.394)	27.401*** (29.358)
R^2	0.200	0.095	0.210	0.231	0.224
调整 R^2	0.130	0.016	0.141	0.163	0.156

注：# $P<0.15$，*$P<0.1$，**$P<0.05$，***$P<0.01$。

综上所述，从两个截面数据实证分析结果的比较来看，共建国家环境因素在跨国供应链关系形成过程中起到重要的影响作用，而且在两个时点上既具有相同的因素，也发生了一些变化。从跨国供应链关系形成的总体上看，相同之处是基础设施与物流因素、经济发展与市场因素在前后两个时点上对跨国供应链关系形成均起到促进作用。不同之处是：社会环境与政治因素、投资与贸易规则因素对跨国供应链关系形成的影响从显著负向转为正向不显著；经济对外开放因素对跨国供应链关系形成的影响从正向不显著转为在0.15水平下显著正向。从信息流角度来看，不同之处是基础设施与物流因素对信息流的影响由正向不显著转为显著正向，社会环境与政治因素对信息流的影响由显著负向转为负向不显著，投资与贸易规则因素对信息流的影响由显著负向转为显著正向，经济发展与市场因素对信息流的影响由显著正向转为正向不显著，经济对外开放因素对信息流的影响由正向不显著转为显著正向。从物流角度来看，相同之处是基础设施与物流因素对物流的影响均为正向但不显著，经济发展与市场因素对物流的影响均为显著正向；不同之处是社会环境与政治因素对物流的影响由负向不显著转为正向不显著，投资与贸易规则因素对物流的影响由显著负向转为负向不显著，经济对外开放因素对物流的影响由正向不显著转为负向不显著。从商流角度来看，相同之处是基础设施与物流因素、经济发展与市场因素对商流具有显著的促进作用，投资与贸易规则因素、经济对外开放因素对商流的影响均不显著；不同之处是社会环境与政治因素对商流的影响由负向不显著转为正向不显著。从资金流角度来看，相同之处是基础设施与物流因素、经济发展与市场因素对资金流具有显著的促进作用，经济对外开放因素对资金流的影响不显著；不同之处是社会环境与政治因素对资金流的影响由负向不显著转为正向不显著，投资与贸易规则因素对资金的影响由显著负向转为正向不显著。总之，随着共建“一带一路”不断推向更高水平，基础设施与物流因素和经济发展与市场因素对跨国供应链关系形成的促进作用得到保持，经济对外开放因素对跨国供应链关系形成的积极影响逐渐显现，社会环境与政治因素、投资与贸易规则因素对跨国供应链关系形成的不利影响逐渐消除，并对跨国供应链关系形成逐渐起到积极影响。

7.5 结论与讨论

7.5.1 结论

本章通过构建共建“一带一路”国家发展环境与宏观视角下跨国供应链关系形成的指标体系，运用因子分析、多元回归分析等方法，实证研究了共建国家发展环境对跨国供应链关系形成的影响作用，并比较了2015年和2018年两个时点的变化。根据实证检验结果，得到以下研究结论：

（1）基础设施与物流因素对跨国供应链关系形成的促进作用逐渐增强。随着中国企业对共建“一带一路”国家基础设施建设投资额的不断加大，共建国家基础设施与物流环境逐步改善，对跨国供应链中的信息流、物流、商流和资金流的促进作用逐步增强，更有利于跨国供应链关系的建立和发展。

（2）经济发展与市场因素对跨国供应链关系形成的促进作用总体稳定。共建“一带一路”国家经济发展与市场环境是跨国供应链关系建立的重要基础和前提，随着中国与俄罗斯、哈萨克斯坦及东盟部分国家的合作不断向纵深发展，中国超大规模市场为以上国家的经济发展提供了契机，对共建国家经济发展稳定起到了支撑作用。尽管共建国家经济发展与市场因素对跨国供应链中的信息流的影响有所减弱，但对物流、商流和资金流具有持续积极的影响，整体上仍有利于跨国供应链关系的建立和发展。

（3）经济对外开放因素对跨国供应链关系形成的促进作用逐渐显现。经济对外开放因素是跨国供应链关系建立的重要基础，共建“一带一路”国家吸引外资越多、对外贸易依存度越高，越有利于跨国供应链关系的建立和发展。共建“一带一路”倡议提出以来，中国持续加大全方位开放力度，不断改善营商环境，吸引外商直接投资，对跨国供应链关系建立起到了积极的推动作用。部分共建国家受制于经济发展阶段，对外开放和吸引外资政策不及中国，总体上使得经济对外开放因素对跨国供应链关系形成的作用并不显著，但随着共建国家与中国经济合作的不断加深，以及共建国家经济的不断发展，经济对外开放因素对跨国供应链关系建立和发展的积极作用将越来越大。

（4）社会环境与政治因素和投资与贸易规则因素对跨国供应链关系形成的不利影响明显减弱。共建“一带一路”倡议提出后，起初部分国家政府及社会民众对参与共建“一带一路”心存疑虑，但随着共建“一带一路”合作方案的逐步落实，这些国家的顾虑得以消除，对跨国供应链关系建立的不利影响逐渐减弱。

7.5.2 进一步讨论

（1）理论上补充了跨国供应链形成的影响因素。已有研究文献对对外直接投资、外国直接投资以及进出口贸易的影响因素的识别较多，本章构建了衡量共建“一带一路”国家发展环境的指标体系，并识别出影响跨国供应链形成的主要宏观因素，区别于以往单纯从投资或贸易角度开展的研究。

（2）丰富了宏观视角下对跨国供应链关系的测量。已有研究对跨国供应链关系的测量通常是从企业微观层面入手，本章基于共建“一带一路”倡议中的政策沟通、设施联通、贸易畅通和资金融通的思想，结合供应链中信息流、物流、商流和资金流“四流合一”的内涵，构建了从宏观层面反映共建“一带一路”国家与中国跨国供应链关系程度的指标体系，丰富了对跨国供应链关系的研究理论。

（3）共建“一带一路”国家环境的复杂性给研究带来一定局限。

在跨国供应链形成过程中，母国与东道国之间的制度环境在规则、标准以及文化认知等元素上各不相同，这种复杂性为企业国际化经营带来了挑战，而企业必须面临强制性的规范、标准以及合法性认知（宋华、贾景姿，2014）。因此，在构建指标时难以穷尽所有情境，而且部分指标数据难以获得，这为研究带来了一定挑战。

（4）新冠疫情、地区冲突等不确定性因素未充分考虑。2019年底暴发的新冠疫情、2020年的亚美尼亚和阿塞拜疆军事冲突、2022年开始的俄乌冲突等因素对共建“一带一路”国家环境产生重要影响，对跨国供应链的形成和运作造成不利影响。由于这些不确定性因素始终处于动态发展变化之中，囿于数据的可获得性，本章对以上因素未进行深入分析，在今后的研究中有待进一步讨论。

第8章

研究结论、启示与展望

8.1 研究结论

本书重点论述了共建“一带一路”中跨国供应链的形成机制及影响因素。从文献综述及相关理论的归纳出发，分析了共建“一带一路”与跨国供应链形成的逻辑关联性，进而提出了共建“一带一路”中跨国供应链形成的要素及演进过程。本书重点回答了三个问题：一是共建“一带一路”中跨国供应链形成的核心要素为信息、契约和信任。信息是跨国供应链形成的基础要素，信任是跨国供应链形成的核心要素，契约是跨国供应链形成的保障要素。二是共建“一带一路”中跨国供应链形成的内在机制。本书从企业国际化角度探讨了跨国供应链的建立机制，从供应链治理角度探讨了跨国供应链持续性的治理机制。三是共建“一带一路”中跨国供应链形成的外部影响因素。同时，本书从不同时点对共建“一带一路”国家环境的变化进行了比较。

8.1.1 跨国供应链关系建立机制

（1）企业国际化深度与战略供应商关系呈非线性相关关系，具体为U形函数关系。企业国际化程度的不断加深将打破企业固有的战略供应商关系，使原有战略供应商采购额在企业总采购额中的比重逐渐下降，但企业国际化深度达到一定水平之后，企业将与新的战略供应商建立战略伙伴关系，并逐步与新的战略供应商成为关系紧密的供应链合作伙伴。

（2）企业国际化深度与和战略客户关系亦是非线性的U形关系。企业国际化程度的加深将削弱固有的国内客户关系，但企业的国际化深度达到一定水平之后，企业将与新的客户建立战略客户关系，并逐步与新的战略客户成为关系紧密的供应链合作伙伴。企业国际化广度与战略客户关系呈负相关关系，企业拥有的海外子公司数量越多，越不利于战略客户关系的建立。但是，经实证检验，企业国际化广度对战略供应商关系建立的不利影响不显著。

（3）企业运营能力对战略供应商关系以及战略客户关系具有正向影响作用，企业运营能力越强，企业对战略供应商和战略客户的依赖性越强。企业运营能力对企业国际化深度与战略供应商关系、战略客户关系之间具有一定调节作用，企业运营能力将强化二者之间的正相关关系，同时弱化二者之间的负相关关系。企业运营能力对企业国际化广度与战略客户关系之间也具有一定调节作用，但是对二者的调节作用相反。企业运营能力强化了企业国际化广度对战略客户关系的负向作用，说明运营能力越强的企业，越应谨慎进行国际化扩张和选择战略客户建立伙伴关系，即实施“重点捕鱼”策略。

8.1.2　跨国供应链形成的保持机制

（1）战略供应商关系和战略客户关系对企业绩效都具有显著的正向促进作用。该结论表明企业的供应商集中度越高，越有利于企业绩效的提升，企业的客户集中度越高，越有利于企业绩效的提升。企业在国际化进程中，在积极拓展国际市场的同时，应注重对战略客户关系的建立和维护，与战略客户之间建立充分信任的伙伴关系，这样不仅能促进企业自身绩效的不断提升，而且能使企业与战略客户之间的关系更加稳固，有利于跨国供应链的持续稳定。

（2）关系治理机制是维护企业与供应链成员合作关系的重要手段。关系治理在战略客户关系与企业绩效之间具有正向调节作用，企业采取关系治理机制治理企业战略客户关系时，能够显著提升企业绩效。同时，关系治理机制在战略供应商关系与企业绩效之间具有负向调节作用，企业采取关系治理机制治理企业战略供应商关系时，并不能提升企业绩效，反而会抑制企业绩效的提升。正式治理机制同样是维护企业与供应链成员合作关系的重要手段。正式治理机制在战略供应链关系与企业绩效之间具有正向调节作用。企业采取正式治理机制治理企业战略供应商关系时，能够显著提升企业绩效。同时，正式治理机制在战略客户关系与企业绩效之间具有负向调节作用，企业采取正式治理机制治理企业战略客户关系时，并不能提升企业绩效，反而会抑制企业绩效的提升。

（3）关系治理机制和正式治理机制均是企业维护供应链关系的重要手段，二者本身对企业绩效均具有显著的促进作用，但是二者在治理供应链合作关系时发挥的作用是有差异的。本书的研究结论证实了交易成本理论关于企业建立供应链合作关系、增加专用性投资后倾向于选择正式治理机制的结论。进一步研究发现，正式治理机制在治理战略供应商和战略客户关系时的作用是不同的。具体来说，正式治理机制能够在企业治理战略供应商关系时发挥积极作用，但在治理战略客户关系时对企业绩效的提升不利；关系治理机制能够在企业治理战略客户关系时发挥积极作用，但在治理战略供应商关系时不能达到预期目的。因此，治理机制的选择对跨国供应链的持续性影响深远。

8.1.3 跨国供应链关系形成的影响因素

（1）基础设施与物流因素对跨国供应链关系形成的促进作用逐渐增强。随着中国企业对共建“一带一路”国家基础设施建设投资额的不断增加，共建国家基础设施与物流环境逐步改善，对跨国供应链中的信息流、物流、商流和资金流的促进作用逐步增强，更有利于跨国供应链关系的建立和发展。

（2）经济发展与市场因素对跨国供应链关系形成的促进作用总体稳定。共建“一带一路”国家经济发展与市场环境是跨国供应链关系建立的重要基础和前提，随着中国与俄罗斯、哈萨克斯坦及东盟部分国家的合作不断向纵深发展，中国的超大规模市场为以上国家的经济发展提供了契机，对共建国家经济发展稳定起到了支撑作用。尽管共建国家经济发展与市场因素对跨国供应链中的信息流的影响有所减弱，但对物流、商流和资金流具有持续积极的影响，整体上仍有利于跨国供应链关系的建立和发展。

（3）经济对外开放因素对跨国供应链关系形成的促进作用逐渐显现。经济对外开放因素是跨国供应链关系建立的重要基础，共建“一带一路”国家吸引外资越多、对外贸易依存度越高，越有利于跨国供应链关系的建立和发展。共建“一带一路”倡议提出以来，中国持续加大全方位开放力度，不断改善营商环境，吸引外商直接投资，对跨国供应链关系建立起到了积极的推动作用。但是，由于部分共建国家受制于经济发展阶段，其对外开放和吸引外资政策不及中国，总体上使得经济对外开放因素对跨国供应链关系形成的作用不是很显著，但随着共建国家与中国经济合作的不断加深，以及共建国家经济不断发展，经济对外开放因素对跨国供应链关系建立和发展的积极作用将越来越大。

（4）社会环境与政治因素和投资与贸易规则因素对跨国供应链关系形成的不利影响明显减弱。共建“一带一路”倡议提出后，起初部分国家政府及社会民众对参与共建“一带一路”心存疑虑，但随着共建“一带一路”合作方案的逐步落实，这些国家的顾虑得以消除，对跨国供应链关系建立的不利影响逐渐减小。

8.2 理论贡献

本书通过对跨国供应链涉及的企业国际化理论、关系契约理论、制度理论等做系统全面的梳理，发现学者们对跨国供应链理论做了大量的研究工作，对供应链管理要素、供应链管理实践、供应链管理绩效及其对企业绩效的影响进行了理论阐释和实证检验。在已有研究中，绝大多数是对已经形成的供应链展开研究，而对供应链形成问题的研究不够系统，尤其是在跨国供应链的形成要素、阶段及机制方面，缺乏深入研究和探讨。因此，本书选择共建“一带一路”为研究情境，运用实证研究方法，为补充当前关于跨国供应链形成机制的研究缺口、丰富跨国供应链理论做了一定的研究工作，以期促进跨国供应链理论的发展。

8.2.1 对跨国供应链关系理论的贡献

在已有研究的基础上，本书提出并论证了跨国供应链关系的建立机制。本书认为，从关系契约理论和交易成本理论来看，供应链的形成是一个持续的过程，并非一蹴而就。交易契约关系的建立标志着供应链合作步入规范化，各方以交易契约约束和规范合作中的经营行为，这也是供应链的雏形。随着企业与供应链成员企业之间的信任程度不断加深，供应链成员之间的关系将由以交易契约为基础的合作关系逐步转变为以信任为基础的伙伴关系，此时才意味着供应链关系的真正建立，也标志着真正意义上的供应链的形成。以上分析仅限于一般意义上的供应链形成过程，跨国供应链的形成过程比一般供应链的形成过程更为复杂，时间更长，难度更大。本书认为跨国供应链关系的形成受到内外两方面因素的影响。在跨国供应链关系形成的过程中，内部主要受到供应链成员企业国际化经营行为的影响，外部主要受到国家环境以及国家与国家之间的合作程度的影响。以下具体从内外两个方面进行阐述。

1）跨国供应链关系建立的内在机制研究

本书建立了企业国际化对跨国供应链关系建立的影响机制模型，以中国制造业上市公司为研究样本。样本选取方法是通过内容分析法甄选出在2013—2020年参与共建“一带一路”的中国制造业上市公司。为深入观察跨国供应链关系建立的内在机制，本书将跨国供应链关系划分为企业与供应商关系、企业与客户关系两类，分别从企业国际化深度和国际化广度实证检验国际化对供应商关系和客户关系的影响。研究发现，企业国际化深度对供应商或客户关系建立的影响均为非线性的U形关系，原因是企业国际化深度的提高对企业与原有的战略供应商或战略客户的关系产生了影响，使原有供应商或客户的地位发生动摇，当企业国际化深度达到一定水平时，在跨国情境中的战略供应商关系或战略客户关系得以建立。研究还发现，企业国际化广度对战略客户关系建立存在负向影响，原因是随着企业的国际化扩张，企业的客户数量将不断增加，建立战略客户关系变得较为困难。进一步研究发现，企业运营能力在企业国际化经营与跨国供应链关系建立之间起到重要的调节作用。以上研究发现是对跨国供应链已有研究的重要补充，解释了企业国际化深度与跨国供应链的形成并非线性的正相关关系，证实了企业国际化广度对跨国供应链的形成存在负向作用，对深入理解跨国供应链关系的建立提供了实证依据。

2）跨国供应链关系建立的外部影响研究

本书从宏观视角出发，建立了跨国供应链形成的外部影响因素模型，实证检验了共建“一带一路”国家与中国跨国供应链关系的影响因素。在已有文献中，较少有文献从宏观角度对跨国供应链关系进行定量测度。本书基于“一带一路”五通指数，结合跨国供应链中信息流、物流、商流和资金流“四流合一”的思想，构建了“一带一路”跨国供应链关系指标体系。同时，构建了共建“一带一路”国家跨国供应链影响因素指标体系，通过因子分析方法对影响因素进行归类和命名，发现了基础设施与物流、社会环境与政治、投资与贸易规则、经济发展与市场、经济对外开放等五大类因素。实证检验发现，基础设施与物流因素、经济发展与市场因素对跨国供应链关系形成具有显著的促进作用，经济对外开放因素对跨国供应链关系形成的促进作用逐渐显现，社会环境与政治因素、投资与贸易规则因素对跨国供应链关系形成的不利影响逐渐消失，并逐渐显现出有利的影响态势。因此，本研究的实证发现为人们从宏观角度理解跨国供应链关系建立机制提供了实证依据。

8.2.2 对跨国供应链治理理论的贡献

供应链治理是供应链管理理论的延伸和升华，当前对供应链管理理论的研究较为丰富，但对供应链治理的研究还不多。本书构建了供应链治理机制对跨国供应链关系与企业绩效的调节效应模型，重点检验在保证跨国供应链的持续性基础上，究竟是正式治理机制更好，还是关系治理机制更好？在已有的与供应链治理相关的研究中，大多数研究是利用调查问卷测量供应链治理的构念，比较关系治理与正式治理的作用，而且多数未区分供应商关系和客户关系。针对以上研究缺口，本书利用上市公司样本数据，分别实证检验了关系治理机制、正式治理机制在供应商关系、客户关系存续中的作用。

已有研究发现，企业在维持供应商关系或客户关系时均倾向于正式治理机制，即通过纵向一体化的科层组织方式规避企业风险、降低交易成本，这也符合交易成本理论的经典观点。已有研究也发现，关系治理机制是中国企业在供应链管理中惯用的治理方式，这似乎更符合中国企业的特征。但是，实证研究表明，关系治理机制或正式治理机制在供应商关系或客户关系存续中的作用具有显著的差异，关系治理机制在客户关系存续中的作用更为明显，而正式治理机制在供应商关系存续中的作用更加显著。因此，本书的研究发现为供应链治理理论提供了新的证据。

8.3 实践启示

8.3.1 企业层面的启示

本书对指导企业实践具有一定的应用价值，尤其是对共建“一带一路”国家企业的国际化经营及跨国供应链关系的构建具有重要的现实意义。具体如下：

1）积极提高企业国际化深度，适度提高企业国际化广度

研究发现，企业国际化深度对跨国供应链关系的建立具有非线性U形关系，这意味着企业国际化深度达到一定水平时跨国供应链关系才得以建立。实证结果显示，当企业国际化深度（企业海外收入占营业收入的比重）达到一定比例时，企业与战略供应商或战略客户的伙伴关系才会建立，此时真正意义上的跨国供应链才得以形成。因此，加快企业国际化步伐，积极提高企业国际化深度，对构建跨国供应链具有较大的促进作用。同时，研究发现，企业国际化广度对跨国供应链关系的建立具有负向影响，这意味着企业国际化广度越大，越不利于跨国供应链关系的建立。因此，企业在加快国际化步伐时，应适度控制扩张的范围。

2）不断增强企业运营能力，积极构建跨国供应链

企业在国际化经营的同时，应注重苦练内功，不断增强运营能力，这样不仅有利于维持企业与原有的战略合作伙伴的关系，还有利于企业在国际化进程中建立新的跨国供应链。从研究结果来看，企业增强自身运营能力能够显著促进企业国际化深度对跨国供应链关系建立的正向影响，同时减弱企业国际化深度对跨国供应链关系建立的负向影响。这说明企业在运营能力较强时，通过提高国际化深度能够快速建立跨国供应链关系。因此，企业运营能力较强时，宜采取“普遍撒网”的策略寻找供应商并建立跨国战略供应商关系，采取“重点打鱼”的策略寻找客户并建立跨国战略客户关系。企业运营能力似乎消除了企业国际化对跨国供应链形成的不利影响，但是在现实中，无论是战略供应商还是战略客户，均是有限理性的，道德风险与逆向选择总是不期而至。新的跨国供应链关系的建立并非意味着企业跨国供应链的形成，共建国家环境的不确定性可能会给初步形成的跨国供应链带来灭顶之灾，此时企业运营能力便成为企业应对风险的保障。

3）选择合适的供应链治理机制，增强跨国供应链稳定性

有效的治理机制是跨国供应链形成并保持稳定的有效途径。有效的关系治理机制，对企业在共建“一带一路”国家开拓市场、治理战略客户关系具有重要作用。有效的正式治理机制，对企业在共建“一带一路”国家开展投资或并购、治理战略供应商关系具有重要意义。但是，供应链治理机制对企业具有“双刃剑”的作用，选择合适的供应链治理机制是企业维护供应链关系时应做的关键决策。正式治理机制是通过纵向一体化方式规避供应链风险，但同时增加了企业的内部控制成本；关系治理机制是通过增加专用性投资规避供应链风险，但同时增加了企业的交易成本。因此，企业需在内部控制成本和交易成本的增加与企业绩效的提升之间进行有效平衡。实证研究结果表明，

在治理供应商关系时采取正式治理机制更好，在治理客户关系时采取关系治理机制更好。这为企业选择合适的供应链治理机制提供了参考的依据。在“走出去”的过程中，企业在构建或维护战略供应商关系或战略客户关系时，要发挥关系治理机制和正式治理机制的双重作用，在治理企业与战略供应商的关系时要注重发挥正式治理机制的作用，在治理企业与战略客户的关系时要注重发挥关系治理机制的作用，并管控好企业交易成本、内部控制成本等，有效促进企业绩效的提升，促进共建“一带一路”国家跨国公司供应链关系的存续。

8.3.2 政府层面的启示

本书为共建“一带一路”情境下跨国供应链的形成提供了新的思路，对促进共建“一带一路”具有重要的现实意义。具体政策建议如下：

1）加快与共建国家的基础设施联通，为跨国供应链形成奠定基础

基础设施联通是当前共建“一带一路”国家与中国合作关系中的短板，加快基础设施联通具体包括两个方面：一是持续深入推进中国西北、东北和西南地区沿边省份与周边国家在公路、铁路等基础设施上的联通；二是加快推动中国与共建“一带一路”国家铁路货运班列的畅通，充分发挥中欧国际货运班列联盟的协调作用，加强现有班列之间的共同运输和配送，避免恶性竞争，加快与更多的共建国家开通货运班列。加快基础设施联通能够为企业“走出去”奠定坚实基础，为跨国企业构建跨国供应链营造良好的物流环境。

2）加强与共建国家的经贸合作，为跨国供应链形成创造条件

持续加强与共建国家的经贸合作，促进共建国家搭乘中国高质量发展的列车，是改善共建国家经济发展状态的重要途径。与共建国家

在双边贸易、双边投资等方面加大合作力度，继续支持中国企业在共建国家开展产业投资，继续保持中国全方位对外开放的力度，持续改善中国营商环境，吸引共建国家企业来华兴业投资，持续改善共建国家经济发展与市场环境、经济对外开放环境，为跨国供应链关系建立创造有利条件。

3）与共建国家共同建设人类命运共同体，为跨国供应链形成消除障碍

企业在共建国家建立跨国供应链时，需要各国政府的支持，也需要良好稳定的社会环境。共建国家经济发展阶段差异较大，社会发展环境复杂多样，对跨国供应链关系的建立提出了严峻挑战。因此，与共建国家加强政策沟通十分紧要，尤其是关于投资和贸易规则的沟通，这是促进跨国供应链形成的关键支撑。加快与共建国家的投资和贸易规则谈判，推动各类自由贸易区的谈判进程，在推进人类命运共同体建设的过程中，从政府层面逐步消除跨国供应链形成的沟通障碍。另外，要推动与共建国家的人文交流，推动两国人民的友好交往，除友好城市建设外，还可以通过各种民间团体加强与共建国家人民的文化交流，增进相互了解，为跨国供应链形成营造良好的人文环境。

8.4 研究局限与展望

8.4.1 研究局限

本书得到了一些有价值的结论，但也有一定的局限性和有待解决的问题，具体体现以下几个方面：

（1）样本选择具有一定局限性。2013年以来，参与共建“一带

一路”的企业逐年增多，上市公司是所有参与企业的领头羊，具有较强的代表性，这是本书选取外向型上市公司的主要原因。不可否认的是，参与共建“一带一路”的未上市的企业也有很多，部分企业的国际化水平远高于部分上市公司，但是由于二手数据本身的局限，难以将这类企业囊括在样本中。此外，除了中国的跨国企业在共建“一带一路”中处于引领地位，其他国家的部分跨国企业也处于引领地位，受到数据可获得性的限制，样本选择受到一定局限。

（2）样本企业参与共建“一带一路”的程度测量具有一定局限性。本书中的样本企业参与共建“一带一路”的程度无法精确计量，原因有三：其一，企业国际化的地域范围千差万别，上市公司披露信息的不完备性导致很难将那些把共建“一带一路”国家作为唯一市场的企业识别出来；其二，外向型上市公司涉及众多行业，而且这些企业位于产业链的上、中、下游，很难区分各企业在哪个环节参与了共建“一带一路”；其三，在样本企业中，存在一些企业在国内参与共建“一带一路”的比例较高、在共建国家进行投资或者开展进出口业务的比例较低的情况。

（3）共建“一带一路”国家环境的复杂性使研究存在一定局限性。共建“一带一路”倡议不仅是中国连接世界的平台，而且是促进全球合作的中国方案，与美国、欧盟等西方国家主导的经济区域组织具有显著差异。共建国家发展水平参差不齐，制度环境悬殊，对这些国家发展环境因素的识别，无论是在理论层面还是在现实层面，均是一种严峻的挑战。另外，共建“一带一路”涉及的国家、企业众多，全面收集数据面临许多困难。同时，共建国家与中国紧密合作的权威数据发布滞后，也给研究带来了一定挑战。

8.4.2 未来展望

（1）研究表明，企业国际化对跨国供应链的形成具有U形影响，U形曲线的拐点位置实际上是企业与新的跨国供应链伙伴建立信任关系的开始。那么，每个行业的拐点是否不同呢？随着参与共建“一带一路”的企业逐渐增多，扩大样本企业数量、分行业开展研究可能是未来研究的方向。

（2）研究表明，供应链治理对跨国供应链形成具有显著影响，但本书并未考虑制度理论中的部分制度环境因素。是否存在国别因素的影响呢？不同国家的不同制度环境，对供应链治理是否均有效？这些问题有待于通过扩大样本企业数量、分国别进行实证检验。

（3）本书构建的共建“一带一路”国家环境因素指标和宏观层面跨国供应链关系形成指标体系均受到了数据可获得性的约束，随着共建“一带一路”的不断深入，通过获取更多数据，采取面板数据模型对环境因素进行识别可能是未来研究的方向。

参考文献

［1］ 阿维斯，等. 世界银行物流绩效指数报告（2016）［M］. 王波，译. 北京：中国财富出版社，2017.

［2］ 白永秀，王颂吉. 丝绸之路经济带的纵深背景与地缘战略［J］. 改革，2014（3）：64-73.

［3］ 蔡进. “一带一路”与国家供应链发展战略［J］. 中国流通经济，2016（1）：25-30.

［4］ 曹武军. 供应链契约机制的研究［D］. 武汉：华中科技大学，2006.

［5］ 陈功玉，王洁. 全球化环境下中国企业的全球供应链管理［J］. 中山大学研究生学刊（社会科学版），2007（4）：90-102.

［6］ 陈积敏，高惺惟. 一带一路：机遇与挑战［M］. 北京：国家行政学院出版社，2016.

［7］ 陈升，张俊龙. 东道国制度水平对我国对外直接投资的影响——综合运用全球治理指标和“一带一路”沿线国家数据的实证［J］. 产经评论，2019（3）：56-66.

［8］ 陈晓莲，徐淑英，樊景立. 组织与管理研究的实证方法［M］. 北京：北京大学出版社，2008.

［9］ 德鲁克. 管理新现实［M］. 吴振阳，等译. 北京：机械工业出版社，

2019.
[10] 邓春平，毛基业. 关系契约治理与外包合作绩效——对日离岸软件外包项目的实证研究［J］. 南开管理评论，2008（4）：25-33.
[11] 丁俊发. “一带一路”与全球供应链［J］. 全球化，2016（7）：22-31.
[12] 董有德，唐毅，张露. 东道国腐败治理、基础设施建设与中国对外直接投资［J］. 上海经济研究，2020（12）：101-112.
[13] 冯巍，程国强. 国际社会对“一带一路”倡议的评价［N］. 中国经济时报，2014-07-14（5）.
[14] 弗里德曼. 世界是平的：“凌志汽车”和“橄榄树”的视角［M］. 赵绍棣，黄其祥，译. 上海：东方出版社，2006.
[15] 高志刚. “丝绸之路经济带”框架下中国（新疆）与周边国家能源与贸易互联互通研究构想［J］. 开发研究，2014（1）：46-50.
[16] 郭爱君，毛锦凰. 丝绸之路经济带：优势产业空间差异与产业空间布局战略研究［J］. 兰州大学学报（社会科学版），2014（1）：40-49.
[17] 郭烨，许陈生. 双边高层会晤与中国在“一带一路”沿线国家的直接投资［J］. 国际贸易问题，2016（2）：26-36.
[18] 国家信息中心“一带一路”大数据中心. “一带一路”大数据报告（2016）［M］. 北京：商务印书馆，2016.
[19] 何俊勇，万粲，张顺明. 东道国金融开放度、制度质量与中国对外直接投资：“一带一路”沿线国家的证据［J］. 国际金融研究，2021（10）：36-45.
[20] 胡鞍钢，马伟，鄢一龙. “丝绸之路经济带”：战略内涵、定位和实现路径［J］. 新疆师范大学学报（哲学社会科学版），2014（2）：1-10.
[21] 胡必亮，张坤领. “一带一路”倡议下的制度质量与中国对外直接投资关系［J］. 厦门大学学报（哲学社会科学版），2021（6）：48-61.
[22] 胡国良. 全球供应链破坏与价值链再造——国际贸易冲突下中国企业价值链转型的路径［J］. 现代经济探讨，2018（12）：56-60.
[23] 胡江云. 基于货物贸易的全球供应链发展研究［J］. 供应链管理，2020

(11)：36-55.
[24] 胡玲，金钟文，成栋. 全球供应链背景下制造业企业信息共享机制的案例研究 [J]. 东南大学学报（哲学社会科学版），2018（3）：43-52.
[25] 黄河，NIKITA S. 中国企业海外投资的政治风险及其管控——以“一带一路”沿线国家为例 [J]. 深圳大学学报（人文社会科学版），2016（1）：93-100.
[26] 黄莉芳，吴福象. 中国制造业中间品进口贸易特征及影响因素——以“一带一路”沿线国家和地区为例 [J]. 首都经济贸易大学学报，2020（3）：46-56.
[27] 黄胜，叶广宇，周劲波，等. 二元制度环境、制度能力对新兴经济体创业企业加速国际化的影响 [J]. 南开管理评论，2015（3）：71-84.
[28] 黄伟新，龚新蜀. 丝绸之路经济带国际物流绩效对中国机电产品出口影响的实证分析 [J]. 国际贸易问题，2014（10）：56-66.
[29] 景瑞琴. 国际生产分散化与服务外包的兴起及趋势 [J]. 经济问题，2008（8）：39-42.
[30] 瑟拉耶什金，陈余，李中海. 丝绸之路经济带构想及其对中亚的影响 [J]. 俄罗斯东欧中亚研究，2015（4）：13-24.
[31] 康晓玲，宁婧. 丝绸之路经济带国际物流绩效对中国农产品出口影响的实证分析 [J]. 西北大学学报（哲学社会科学版），2016（2）：126-131.
[32] 寇亚明. 全球供应链：国际经济合作新格局 [D]. 成都：西南财经大学，2005.
[33] 蓝庆新. 全球化供应链管理与提高我国企业国际竞争力的策略 [J]. 世界经济研究，2003（1）：20-24.
[34] 雷星晖，余黎峰. 供应链信任管理体系构建研究 [J]. 当代财经，2009（9）：78-81.
[35] 李辉，李向阳，徐宣国. 基于信任的供应链伙伴关系维系管理方法研究 [J]. 管理工程学报，2007（4）：72-79.
[36] 李维安，李勇建，石丹. 供应链治理理论研究：概念、内涵与规范性分

析框架［J］．南开管理评论，2016（1）：4-15.
［37］ 李文锋．全球供应链运营模式对提升我国外贸核心竞争力的启示及思考［J］．国际贸易，2011（11）：19-22.
［38］ 李小娜．中国电子制造业基于全球供应链的营运资金管理研究［D］．青岛：中国海洋大学，2012.
［39］ 李晓钟，杜添豪，王舒予．中国与“一带一路”沿线国家贸易影响因素及潜力研究［J］．国际经济合作，2019（3）：17-29.
［40］ 李燕，李应博．中国对外直接投资的影响与评价——西方相关研究综述［J］．商业时代，2014（23）：77-78.
［41］ 李艳平，陈正林，朱忆琳．企业供应商、客户关系及供应链整合对现金持有量的影响［J］．统计与决策，2016（14）：171-174.
［42］ 李永全．“一带一路”建设发展报告（2016）［M］．北京：社会科学文献出版社，2016.
［43］ 李自杰，李毅，陈达．国际化经验与走向全球化——基于中国电子信息技术产业上市公司的实证研究［J］．中国软科学，2010（8）：126-137.
［44］ 梁岩松，杜梅．全球供应链管理的挑战与对策［J］．管理科学，2004（4）：38-43.
［45］ 林晋宽．团队信任与研究发展绩效之关系［J］．科技管理学刊，1999（1）：207-221.
［46］ 林乐芬，王少楠．“一带一路”进程中人民币国际化影响因素的实证分析［J］．国际金融研究，2016（2）：75-83.
［47］ 林良沛，揭筱纹．比较视角下中国对“一带一路”国家直接投资的影响因素分析［J］．广东财经大学学报，2017（1）：57-62.
［48］ 刘洪铎，陈和．全球供应链分工地位如何影响——国服务贸易部门的出口技术复杂度［J］．国际贸易问题，2016（9）：27-37.
［49］ 刘丽文．供应链管理思想及其理论和方法的发展过程［J］．管理科学学报，2003（2）：81-88.
［50］ 刘胜春，王永伟，李婷．“关系”对供应链合作绩效的影响——来自农业

领域的证据［J］. 软科学，2015（2）：86-89.
［51］ 刘文革，董暄，何姝灵. 制度质量与供应链效率——基于APEC国家的实证研究［J］. 制度经济学研究，2018（3）：117-135.
［52］ 龙晓柏. “一带一路”视域下中国对外直接投资影响机制研究——基于东道国视域［J］. 江西社会科学，2021（11）：57-67.
［53］ 鲁桐. 独立董事制度的发展及其在中国的实践［J］. 世界经济，2002（6）：3-12.
［54］ 陆华，汪鸣，杜志平. 中国与“一带一路”沿线中东欧国家物流绩效对比分析［J］. 中国流通经济，2020（3）：55-65.
［55］ 吕飞，许大明. 东亚地区跨国公司制造业产业链重构研究［J］. 重庆大学学报（社会科学版），2013（5）：8-12.
［56］ 康纳. 超级版图：全球供应链、超级城市与新商业文明的崛起［M］. 崔传刚，周大昕，译. 北京：中信出版社，2016.
［57］ 潘文安，张红. 供应链伙伴间的信任、承诺对合作绩效的影响［J］. 心理科学，2006（6）：1502-1506.
［58］ 任保平. 丝绸之路经济带建设中区域经济一体化的战略构想［J］. 开发研究，2015（2）：1-4.
［59］ 石岿然，马胡杰，肖条军. 供应链成员间信任关系形成与演化研究［J］. 系统科学与数学，2011（11）：1386-1394.
［60］ 宋华. 全球供应链金融模式创新：发展与趋势［J］. 物流研究，2020（1）：27-34.
［61］ 宋华，贾景姿. 全球供应链模型构建及相关研究述评［J］. 商业研究，2014（2）：170-177.
［62］ 宋华，贾景姿. 走向全球——全球供应链的形成机制研究述评［J］. 经营与管理，2014（1）：120-123.
［63］ 宋华，刘林艳，李文青. 企业国际化、供应链管理实践与企业绩效关系——基于中国上市公司面板数据的研究［J］. 科学学与科学技术管理，2011（10）：142-151.

[64] 孙昌岳."一带一路"建设成就巨大[N]. 经济日报，2022-04-17（9）.
[65] 孙华，魏康宁，丁荣贵."互补"还是"替代"？——关系治理、正式治理与项目绩效[J]. 山东大学学报（哲学社会科学版），2015（6）：111-121.
[66] 孙慧，李建军."一带一路"国际物流绩效对中国中间产品出口影响分析[J]. 社会科学研究，2016（2）：16-24.
[67] 孙瑾，杨英俊. 中国与"一带一路"主要国家贸易成本的测度与影响因素研究[J]. 国际贸易问题，2016（5）：94-103.
[68] 谈毅，慕继丰. 论合同治理和关系治理的互补性与有效性[J]. 公共管理学报，2008（3）：56-62.
[69] 汤世强，季建华. 论交易成本与供应链战略合作伙伴关系[J]. 工业工程与管理，2003（4）：6-9.
[70] 佟敏，罗凯. 从关系契约视角看企业国际化经营战略[J]. 哈尔滨工业大学学报（社会科学版），2007（5）：113-116.
[71] 涂智苹，宋铁波. 制度理论在经济组织管理研究中的应用综述——基于Web of Science（1996—2015）的文献计量[J]. 经济管理，2016（10）：184-199.
[72] 推进"一带一路"建设工作领导小组办公室. 共建"一带一路"倡议：进展、贡献与展望[R]. 2019.
[73] 王保忠，何炼成，李忠民."新丝绸之路经济带"一体化战略路径与实施对策[J]. 经济纵横，2013（11）：60-65.
[74] 王碧珺. 被误读的官方数据——揭示真实的中国对外直接投资模式[J]. 国际经济评论，2013（1）：61-74.
[75] 王军，黄卫冬. 东道国制度质量对中国OFDI的影响[J]. 产业经济评论，2016（6）：50-61.
[76] 王利华. 中国跨国公司对外直接投资区位选择研究[D]. 上海：华东师范大学，2009.
[77] 王玲. 基于博弈论的供应链信任产生机理与治理机制[J]. 软科学，

2010（2）：56-59.
［78］ 王胜，田涛. 中国对外直接投资区位选择的影响因素研究——基于国别差异的视角［J］. 世界经济研究，2013（12）：60-66.
［79］ 王习农，陈涛. “丝绸之路经济带”内涵拓展与共建［J］. 国际商务（对外经济贸易大学学报），2014（5）：23-30.
［80］ 王向阳. 美国智库对“一带一路”实施八年来的认知评析［J］. 智库理论与实践，2021（6）：102-109.
［81］ 王孝军. 全球供应链对我国国际分工地位的影响与对策［D］. 苏州：苏州大学，2007.
［82］ 卫玲，戴江伟. 丝绸之路经济带：形成机理与战略构想——基于空间经济学语境［J］. 西北大学学报（哲学社会科学版），2014（4）：39-50.
［83］ 向吉英，危旭芳. 国际经济一体化背景下跨国供应链的发展及应对策略［J］. 中共云南省委党校学报，2013（3）：134-136.
［84］ 肖伟，赖明勇. 全球供应链管理理论的流派分析［J］. 江西财经大学学报，2009（1）：10-15.
［85］ 卢贾宁，萨佐诺夫，陈余. 丝绸之路经济带：2015模式［J］. 俄罗斯东欧中亚研究，2015（4）：7-12.
［86］ 谢杰，刘任余. 基于空间视角的中国对外直接投资的影响因素与贸易效应研究［J］. 国际贸易问题，2011（6）：66-74.
［87］ 谢雨蓉. 经济全球化中的国际物流影响因素及中国的应对策略研究［D］. 北京：北京交通大学，2020.
［88］ 谢雨蓉，王庆云，高咏玲. 基于模糊DEMATEL的中欧班列发展影响因素研究［J］. 学习与探索，2020（6）：135-141.
［89］ 徐姝. 企业业务外包战略运作体系与方法研究［D］. 长沙：中南大学，2004.
［90］ 许和连，孙天阳. TPP背景下世界高端制造业贸易格局演化研究——基于复杂网络的社团分析［J］. 国际贸易问题，2015（8）：3-13.
［91］ 许淑君，马士华. 供应链企业间的信任机制研究［J］. 工业工程与管理，

2000（6）：5-9.

［92］ 许小平，陆靖，李江．签订双边投资协定对中国OFDI的影响——基于“一带一路”沿线国家的实证研究［J］．工业技术经济，2016（5）：60-64.

［93］ 许欣，张彦敏．跨国公司物流运营模式选择及其影响因素研究［J］．商业研究，2014（3）：169-174.

［94］ 杨春阳．央广时评：中俄全面战略协作伙伴关系进入新时代［EB/OL］．（2019-06-06）［2024-11-10］．https：//news. cctv. com/2019/06/06/ARTIaQ5czxn4e91AWYSynq2g190606.shtml.

［95］ 杨德礼，郭琼，何勇，等．供应链契约研究进展［J］．管理学报，2006（1）：117-125.

［96］ 杨宏伟，郑洁，程中海．“一带一路”沿线物流业影响因素的空间计量分析［J］．工业技术经济，2019（5）：112-120.

［97］ 杨欢，李香菊，刘硕．“一带一路”沿线国家税收环境与中国对外直接投资效率——基于时变随机前沿引力模型的实证研究［J］．经济体制改革，2022（4）：186-193.

［98］ 杨三根，段钢．现代物流业的发展和全球供应链管理——一个新兴古典经济学分析框架［J］．世界经济研究，2005（9）：50-54.

［99］ 姚立兴．十八大以来海外学界对“一带一路”的研究述评［J］．社会主义研究，2020（3）：165-172.

［100］ 姚小涛，席酉民，张静　企业契约理论的局限性与企业边界的重新界定［J］．南开管理评论，2002（5）：36-38.

［101］ 姚战琪．“一带一路”战略下我国对外直接投资效率的影响因素及区位选择［J］．经济纵横，2016（12）：59-66.

［102］ 叶飞，李怡娜．供应链伙伴关系、信息共享与企业运营绩效关系［J］．工业工程与管理，2006（6）：89-95.

［103］ 叶飞，薛运普．关系承诺对信息共享与运营绩效的影响研究［J］．管理科学，2012（5）：41-51.

［104］ 于茂荐，孙元欣．专用性投资、治理机制与企业绩效——来自制造业上市公司的经验证据［J］．管理工程学报，2014（1）：39-47．
［105］ 余川江，伏虎，赵智．中国与南亚国家资金融通影响因素及潜力的实证分析［J］．南亚研究季刊，2020（2）：46-53．
［106］ 俞路．“一带一路”沿线各国贸易影响因素分析——基于贸易引力模型的实证研究［J］．开发研究，2016（1）：28-32．
［107］ 余谦梁，郑世波．“一带一路”是当前国际治理体系的重要补充——访印尼国际战略研究中心联合创始人林绵基［N］．解放军报，2019-04-23（7）．
［108］ 俞懿春．“一带一路”是可持续的公共产品——访新加坡国立大学东亚研究所所长郑永年［N］．人民日报，2017-04-16（3）．
［109］ 曾兴．中国与南亚国家贸易畅通的影响因素及潜力实证研究［J］．南亚研究季刊，2020（3）：32-40．
［110］ 张海伟，郑林雨，陈胜发．东道国制度质量与中国对外直接投资——基于“一带一路”视角［J］．华东经济管理，2022（1）：53-63．
［111］ 张会清，唐海燕．人民币升值、企业行为与出口贸易——基于大样本企业数据的实证研究：2005—2009［J］．管理世界，2012（12）：23-34．
［112］ 张娟．中国企业对外直接投资的区位选择研究：基于价值链的视角［M］．上海：上海社会科学院出版社，2008．
［113］ 张文思，吴富林．用金融保障全球供应链［N］．中国银行保险报，2020-11-18（6）．
［114］ 张先敏．供应链管理与经营性营运资金管理绩效：影响机理与实证检验［D］．青岛：中国海洋大学，2013．
［115］ 张旭梅，陈伟．供应链企业间信任、关系承诺与合作绩效——基于知识交易视角的实证研究［J］．科学学研究，2011（12）：1865-1874．
［116］ 张艳艳，印梅．中国对“一带一路”国家出口贸易效率及影响因素［J］．首都经济贸易大学学报，2018（5）：39-48．
［117］ 张缨．信任、契约及其规制［M］．北京：经济管理出版社，2004．

［118］ 赵华胜．“丝绸之路经济带”的关注点及切入点［J］．新疆师范大学学报（哲学社会科学版），2014（3）：27-35.
［119］ 赵慧，张浓．人民币“货币锚”地位及其影响因素探究——基于“一带一路”沿线国家的实证分析［J］．商业研究，2020（5）：96-104.
［120］ 赵磊．“一带一路”年度报告：从愿景到行动（2016）［M］．北京：商务印书馆，2016.
［121］ 赵磊，蒋正翔．智库助力“一带一路”建设五年回眸［N］．光明日报，2019-02-18（16）.
［122］ 赵立斌．东盟在全球产品内分工的地位与跨国公司FDI［J］．国际贸易问题，2012（10）：86-96.
［123］ 赵泉午，廖勇海，黄亚峰．制造企业库存管理与企业绩效的实证研究——基于沪深制造类上市公司1997—2010年的面板数据［J］．数理统计与管理，2012（2）：207-216.
［124］ 赵泉午，刘婷婷，陈凤林．零售业态与企业绩效的实证研究——基于沪深零售业上市公司的数据［J］．商业经济与管理，2010（9）：19-26.
［125］ 赵先德，谢金星．现代供应链管理的几个基本观念［J］．南开管理评论，1999（1）：62-66.
［126］ 郑蕾，刘志高．中国对“一带一路”沿线直接投资空间格局［J］．地理科学进展，2015（5）：563-570.
［127］ 郑展鹏．中国对外直接投资的地区差异、影响因素及溢出效应研究［D］．武汉：华中科技大学，2013.
［128］ 钟腾飞，朴珠华，刘潇萌，等．对外投资新空间——“一带一路”国别投资价值排行榜［M］．北京：社会科学出版社，2015.
［129］ 钟祖昌，谭秋梅．全球供应链管理与外贸企业核心竞争力构建［J］．国际经贸探索，2007（1）：80-84.
［130］ 种照辉，覃成林．“一带一路”贸易网络结构及其影响因素——基于网络分析方法的研究［J］．国际经贸探索，2017（5）：16-28.
［131］ 朱庆英．供应商与客户间的多维度信任、承诺与信息共享之间关系的研

究［D］. 广州：华南理工大学，2011.
［132］ 邹磊. 中国“一带一路”战略的政治经济学［M］. 上海：上海人民出版社，2015.
［133］ ACEMOGLU D，JOHNSON S，ROBINSON J A. Reversal of fortune：geography and institutions in the making of the modern world income distribution［J］. The Quarterly Journal of Economics，2002，117（4）：1231-1294.
［134］ ADLER D M，POSNER A E. Cost-benefit analysis：legal，philosophical，and perspectives［M］. Chicago：University of Chicago Press，2001.
［135］ AITKEN J，HARRISON A.Supply governance structures for reverse logistics systems［J］. International Journal of Operations & Production Management，2013，33（6）：745-764.
［136］ ALBINO V，IZZO C，KÜHTZ S. Input-output models for the analysis of a local/global supply chain［J］. International Journal of Production Economics，2002，78（2）：119-131.
［137］ ANDALEEB S S. Dependence relations and the moderating role of trust：implications for behavioral intentions in marketing channels［J］. International Journal of Research in Marketing，1995，12（2）：157-172.
［138］ ANTRÀS P. Firms，contracts，and trade structure［J］. Quarterly Journal of Economics，2003，118（4）：1375-1418.
［139］ ANUPINDI R，BASSOK Y. Centralization of stocks：retailers vs.manufacturer［J］. Management Science，1999，45（2）：178-191.
［140］ ANUPINDI R，BASSOK Y，ZEMEL E. A general framework for the study of decentralized distribution systems［J］. Manufacturing & Service Operations Management，2001，3（4）：349-368.
［141］ ARNDT S W. Globalization and the open economy［J］. The North American Journal of Economics and Finance，1997，8（1）：71-79.
［142］ ARREGLE J L，MILLER T L，HITT M A，et al. Do regions matter? An

integrated institutional and semiglobalization perspective on the internationalization of MNEs [J]. Strategic Management Journal, 2013, 34 (8): 910-934.

[143] ARROW K. The limits of organisation [M]. New York: Norton, 1974.

[144] ASREE S. Challenges in the global supply chain: exploitation versus exploration strategy [D]. Toledo: The University of Toledo, 2010.

[145] BABBAR S, ADDAE H, GOSEN J, et al. Organizational factors affecting supply chains in developing countries [J]. International Journal of Commerce and Management, 2008, 18 (3): 234-251.

[146] BAKER G, GIBBONS R, MURPHY K J. Relational contracts and the theory of the firms [J]. The Quarterly Journal of Economics, 2002 (1): 39-83.

[147] BANGARA A, FREEMAN S, SCHRODER W. Legitimacy and accelerated internationalisation: an indian perspective [J]. Journal of World Business, 2012, 47 (4): 623-634.

[148] BILKEY W J, TESAR G. The export behavior of smaller-sized Wisconsin manufacturing firms [J]. Journal of International Business Studies, 1977 (8): 93-98.

[149] BLEEKE J, ERNST D. The way to win in cross-border alliances [J]. Harvard Business Review, 1991, 69 (6): 127-135.

[150] BLONIGEN B A, WILSON W W. Explaining armington: what determines substitutability between home and foreign goods? [J]. Canadian Journal of Economics, 1999, 32: 1-21.

[151] BRAINARD S L. A simple theory of multinational corporations and trade with a trade-off between proximity and concentration [Z]. NBER Working Paper, 1993.

[152] BROUTHERS K D. Institutional, cultural and transaction cost influences on entry mode choice and performance [J]. Journal of International Business Studies, 2002, 33 (2): 203-221.

[153] BUCKLEY P J, CLEGG L J, CROSS A R, et al. The determinants of chinese outward foreign direct investment [J]. Journal of International Business Studies, 2007, 38 (4): 499-518.

[154] BUCKLEY P J, CASSON M C. The future of the multinational enterprise [M]. London: Homes & Meier, 1976.

[155] BURKERT M, IVENS B S, SHAN J. Governance mechanisms in domestic and international buyer-supplier relationships: an empirical study [J]. Industrial Marketing Management, 2012, 41 (3): 544-556.

[156] BUCKLEY P J, CASSON M. The economic theory of the multinational enterprise [M]. London: Palgrave Macmillan, 1985.

[157] CACHON G P, LARIVIERE M A. Supply chain coordination with revenue-sharing contracts: strengths and limitations [J]. Management Science, 2005, 51 (1): 30-44.

[158] CACHON G P.The allocation of inventory risk and advanced purchase discount in a supply chain [Z]. Working Paper, The Wharton School, University of Pennsylvania, 2001.

[159] CAI S H, JUN M, YANG Z L. Implementing supply chain information integration in China: the role of institutional forces and trust [J]. Journal of Operation Management, 2010, 28 (3): 257-268.

[160] CANTWELL J, TOLENTINO P. Technological accumulation and third world multinationals [Z]. Discussion Papers in International Investment and Business Studies, Ⅲ, Series B, Department of Economics, University of Reading, 1990.

[161] CARR A S, PEARSON J N. Strategically managed buyer - supplier relationships and performance outcomes [J]. Journal of Operations Management, 1999, 17 (5): 497-519.

[162] CHAVEZ R, FYNES B, GIMENEZ C, et al. Assessing the effect of industry clockspeed on the supply chain management practice-performance relationship

[J]. Supply Chain Management: An International Journal, 2012, 17 (3): 235-248.

[163] CHEN F, DREZNER Z, RYAN J K, et al. Quantifying the bullwhip effect in a simple supply chain: the impact of forecasting, lead times, and information [J]. Management Science, 2000, 46 (3): 436-443.

[164] CHEN F, FEDERGRUEN A, ZHENG Y S. Coordination mechanisms for decentralized distribution systems [Z]. A Presentation Made at the Multi-Echelon Inventory Conference, New York University, 1997.

[165] CHEN H, FRANK M Z, WU O Q.What actually happened to the inventories of American companies between 1981 and 2000? [J]. Management Science, 2005, 51 (7): 1015-1031.

[166] CHEN I J, PAULRAJ A.Towards a theory of supply chain management: the constructs and measurements [J]. Journal of Operations Management, 2004, 22 (2): 119-150.

[167] CHEN L, MANLEY K.Validation of an instrument to measure governance and performance on collaborative infrastructure projects [J]. Journal of Construction Engineering and Management, 2014, 140 (5): 63-70.

[168] CHO R, GERCHAK Y. Efficiency of independent downstream firm could counteract coordination difficulties [Z]. University of Waterloo Working Papaer, 2001.

[169] CHUNG K J, CÁRDENAS-BARRÓN L E, TING P S. An inventory model with non-instantaneous receipt and exponentially deteriorating items for an integrated three layer supply chain system under two levels of trade credit [J]. International Journal of Production Economics, 2014, 155 (9): 310-317.

[170] CHUNG W, TALLURI S, NARASIMHAN R. Quantity flexibility contract in the presence of discount incentive [J]. Decision Sciences, 2014, 45 (1): 49-79.

[171] COASE R H. The nature of the firm [J]. Economica, 1937, 4 (16):

386-405.

[172] COEURDEROY R, MURRAY G. Regulatory environments and the location decision: evidence from the early foreign market entries of new-technology-based firms [J]. Journal of International Business Studies, 2008, 39 (4): 670-687.

[173] COHEN M A, HO T H, REN Z J, et al. Measuring imputed cost in the semiconductor equipment supply chain [J]. Management Science, 2003, 49 (12): 1653-1670.

[174] CONNER K R. A historical comparison of resource-based theory and five schools of thought within industrial organization economics: do we have a new theory of the firm? [J]. Journal of Management, 1991, 17 (1): 121-154.

[175] COPITHORNE L W. International corporate transfer prices and government policy [J]. The Canadian Journal of Economics, 1971, 4 (3): 324-341.

[176] CUERVO-CAZURRA A, GENC M. Transforming disadvantages into advantages: developing-country MNEs in the least developed countries [J]. Journal of International Business Studies, 2008, 39 (6): 957-979.

[177] DAI T, LI Z, SUN D. Equity-based incentives and supply chain buy-back contracts [J]. Decision Sciences, 2012, 43 (4): 661-686.

[178] DANA J D, SPIER K E. Revenue sharing and vertical control in the video rental industry [J]. The Journal of Industrial Economics, 2001, 49 (3): 223-245.

[179] DAVIS A M. An experimental investigation of pull contracts in supply chains [J]. Production & Operations Management, 2015, 24 (2): 325-340.

[180] DEVITA G, TEKAYA A, WANG C L. Asset specificity's impact on outsourcing relationship performance: a disaggregated analysis by buyer - supplier asset specificity dimensions [J]. Journal of Business Research, 2010, 63 (7): 657-666.

[181] DEARDORFF A V. Ricardian comparative advantage with intermediate inputs

[J]. North American Journal of Economics & Finance, 2005, 16 (1): 11–34.

[182] DELIOS A, BEAMISH P W. Ownership strategy of Japanese firms: transactional, institutional, and experience influences [J]. Strategic Management Journal, 1999, 20 (10): 915–933.

[183] DIMAGGIO P J, POWELL W W. The iron cage revisited: institutional isomorphism and collective rationality in organizational fields [J]. American Sociological Review, 1983, 48 (2): 147–160.

[184] DOMADENIK P, PRAŠNIKAR J, SVEJNAR J. Restructuring of firms in transition: ownership, institutions and openness to trade [J]. Journal of International Business Studies, 2008, 39 (4): 725–746.

[185] DORNIER P P, ERNST R, FENDER M, et al. Global operations and logistics: text and cases [M]. John Wiley & Sons, 2008.

[186] DOUGLAS L. Looking behind the logo: the global supply chain in the sportswear industry [M]. Oxford: Oxfam, 2004.

[187] DRISCOLL J C, KRAAY A C. Consistent covariance matrix estimation with spatially dependent panel data [J]. Review of Economics and Statistics, 1998, 80 (4): 549–560.

[188] DUNNING J H. Multinational enterprises and the global economy [M]. New York: Addisin–Wesley Publishing Ltd., 1993.

[189] DUNNINC J H, RUGMAN A M. The influence of Hymaer's dissertation on the theory of foreign direct investment [J]. The American Economic Review, 1985, 75: 228–232.

[190] DUNNING J H. Trade, location of economic activity and the MNE: a search for an eclectic approach [M] // OHLIN B, HESSELBORN P O, WIJKMAN P M. The international allocation of economic activity. London: MacMillan, 1977: 395–418.

[191] DWYER R F, SCHURR P H, OH S. Developing buyer–seller relationship

[J]. Journal of Marketing, 1987, 51 (4): 11-27.

[192] DYER B. Power play, individuals in conflict: instructor's manual [M]. Englewood Cliffs: Prentice Hall Regents, 1996.

[193] DYER J H, CHO D S, CGU W. Strategic supplier segmentation: the next "best practice" in supply chain management [J]. California Management Review, 1998, 40 (2): 57-77.

[194] DYER J H, SINGH H.The relational view: cooperative strategy and sources of interorganizational competitive advantage [J]. Academy of Management Review, 1998, 23 (4): 660-679.

[195] EBERS M, SEMRAU T. What drives the allocation of specific investments between buyer and supplier [J]. Journal of Business Research, 2015, 68 (2): 415-424.

[196] ENRÍQUEZ L A, OCTAVIO H C, MARTHA G A. The influence on the performance of supply chain management on small and medium business manufacturing production processes in Mexico [J]. British Journal of Economics, Management & Trade, 2014, 6 (4): 925-940.

[197] EPPEN G D, IYER A V. Backup agreements in fashion buying - the value of upstream flexibility [J]. Management Science, 1997, 43 (11): 1469-1484.

[198] EROGLU C, HOFER C. Lean, leaner, too lean? The inventory-performance link revisited [J]. Journal of Operations Management, 2011, 29 (4): 356-369.

[199] ESPER T L, DEFEE C C, MENTZER J T. A Framework of supply chain orientation [J]. The International Journal of Logistics Management, 2010, 21 (2): 161-179.

[200] FARNDALE E, PAAUWE J, BOSELIE P. An exploratory study of governance in the intra-firm human resources supply chain [J]. Human Resource Management, 2010, 49 (5): 849-868.

[201] FEENSTRA R C. Integration of trade and disintegration of production in the global economy [J]. Journal of Economic Perspectives, 1998, 12 (4): 31-50.

[202] FRIEDLAND R, ALFORD R R. Bringing society back in: symbols, practices, and institutional contradictions [M] // POWELL W W, DIMAGGIO P J. The new institutionalism in organizational analysis. Chicago: The University of Chicago Press, 1991: 232-263.

[203] FYNES B, VOSS C, DE BÚRCA S. The Impact of supply chain relationship quality on quality performance [J]. International Journal of Production Economics, 2005, 96 (3): 339-354.

[204] GANESHKUMAR C, NAMBIRAJAN T. Supply chain management components, competitiveness and organisational performance: causal study of manufacturing firms [J]. Asia-Pacific Journal of Management Research and Innovation, 2013, 9 (4): 399-412.

[205] GARCÍA-CANAL E, GUILLÉN M F.Risk and the strategy of foreign location choice in regulated industries [J]. Strategic Management Journal, 2008, 29 (10): 1097-1115.

[206] GEREFFI G.The organization of buyer-driven global commodity chains: how U. S. retailers shape overseas production networks [M] // GEREFFI G, KORZENIEWICZ M. Commodity chains and global capitalism. San Francisco: Praeger Publishers, 1994.

[207] GEREFFI G. Beyond the producer-driven/buyer-driven dichotomy the evolution of global value chains in the era [J]. IDS Bulletin, 2001, 32 (3): 30-40.

[208] GEREFFI G.Global value chains in a post-Washington consensus world [J]. Review of International Political Economy, 2014, 21 (1): 9-37.

[209] GEREFFI G, HUMPHREY J, STURGEON T.The governance of global value chains [J]. Review of International Political Economy, 2005, 12 (1):

78-104.

[210] GEREFFI G, LEE J.Why the world suddenly cares about global supply chains [J]. Journal of Supply Chain Management, 2012, 48 (3): 24-32.

[211] GREENWOOD R, RAYNARD M, KODEIH F, et al. Institutional complexity and organizational responses [J]. Academy of Management Annals, 2011, 5 (1): 317-371.

[212] GREIF A. Contract enforce ability and economic institutions in early trade: the Maghribi Traders' Coalition [J]. The American Economic Review, 1993, 83 (3): 525-548.

[213] GRIESSMAIR M, HUSSAIN D, WINDSPERGER J. Trust and the tendency towards multi-unit franchising: a relational governance view [J]. Journal of Business Research, 2014, 67 (11): 2337-2345.

[214] GRIFFITH D A, MYERS M B. The performance implications of strategic fit of relational norm governance strategies in global supply chain relationship [J]. Journal of International Business Studies, 2005, 36 (3): 254-269.

[215] GROSSMAN G M, HELPMAN E.Innovation and growth in the global economy [M]. Cambridge, MA: MIT Press, 1993.

[216] HASS J E.Transfer pricing in a decentralized firm [J]. Management Science, 1968, 14 (6): 59-68.

[217] HAUSMAN J A. Specification tests in econometrics [J]. Econometrica, 1978, 46 (6): 1251-1271.

[218] HEIDE J B. Interorganizational governance in marketing channels [J]. Journal of Marketing, 1994, 58 (1): 71-85.

[219] HELPMAN E. A Simple theory of international trade with multinational corporations [J]. Journal of Political Economy, 1984, 92 (3): 451-471.

[220] HELPMAN E. Trade, FDI, and the organization of firms [J]. Journal of Economic Literature, 2006, 44 (3): 589-630.

[221] HIRSHLEIFER J. On the economics of transfer pricing [J]. The Journal of

Business, 1956, 29 (3): 172-184.

[222] HITT M A, HOSKISSON R E, IRELAND R D. A Mid-range theory of the interactive effects of international and product diversification on innovation and performance [J]. Journal of Management, 1994, 20 (2): 297-326.

[223] HOFER C, EROGLU C, HOFER A R. The effect of lean production on financial performance: the mediating role of inventory leanness [J]. International Journal of Production Economics, 2012, 138 (2): 242-253.

[224] HORST T. The theory of the multinationalrm: optimal behavior under dierenttari and tax rates [J]. The Journal of Political Economy, 1971, 79 (5): 1059-1072.

[225] HULT G T, HURLEY R F, KNIGHT G A. Innovativeness: its antecedents and impact on business performance [J]. Industrial Marketing Management, 2004, 33 (5): 429-438.

[226] INCE H, IMAMOGLU S Z, KESKIN H, et al. The impact of ERP systems and supply chain management practices on firm performance: case of turkish companies [J]. Procedia-Social and Behavioral Sciences, 2013, 99: 1124-1133.

[227] JAP S D. Pie-expansion efforts: collaboration processes in buyer-supplier relationships [J]. Journal of Marketing Research, 1999, 36 (4): 461-475.

[228] KOCHHAR R, HITT M A. Toward an integrative model of international diversification [J]. Journal of International Management, 1995, 1 (1): 33-72.

[229] JARRELL J L. Supply chain economics [J]. World Trade, 1998, 11 (11): 58-61.

[230] JOHANSSON J K, NONAKA I. Japanese export marketing: structures, strategies, counter strategies [J]. International Marketing Review, 1983, 1 (2): 12-25.

[231] JOHANSON J, VAHLNE J E. The internationalization process of the firm: managerial behavior, agency costs, and ownership structure [J]. Journal of International Business Studies, 1977, 8 (1): 23-32.

[232] JOHNSON S, MCMILLAN J, WOODRUFF C.Courts and relational contracts [J]. Journal of Law Economics & Organization, 2002, 18 (1): 221-276.

[233] JOSKOW P L. Contract duration and relationship-specific investments: empirical evidence from coal markets [J]. The American Economic Review, 1987, 77 (1): 168-185.

[234] KANNAN V R, TAN K C. Just in time, total quality management, and supply chain management: understanding their linkages and impact on business performance [J]. Omega, 2005, 33 (2): 153-162.

[235] KATOK E, WU D Y. Contracting in supply chains: a laboratory investigation [J]. Management Science, 2009, 55 (12): 1953-1968.

[236] KISS A N, DANIS W M, CAVUSGIL S T. International entrepreneurship research in emerging economies: a critical review and research agenda [J]. Journal of Business Venturing, 2012, 27 (2): 266-290.

[237] KLASSEN R D, WHYBARK D C. Barriers to the management of international operations [J]. Journal of Operations Management, 1994, 11 (4): 385-396.

[238] KLEIN B, CRAWFORD R G, ALCHIAN A A. Vertical integration, appropriable rents, and the competitive contracting process [J]. The Journal of Law and Economics, 1978, 21 (2): 297-326.

[239] KOJIMA K. Giant multinational corporations: merits and defects [J]. Hitotsubashi Journal of Economics, 1978, 18 (2): 1-17.

[240] KOLSTAD I, WIIG A. What determines Chinese outward FDI? [J]. Journal of World Business, 2012, 47 (1): 26-34.

[241] KONG G, RAJAGOPALAN S, ZHANG H. Revenue sharing and information leakage in a supply chain [J]. Management Science, 2013, 59 (3):

556–572.

[242] KOSTOVA T, ZAHEER S. Organizational legitimacy under conditions of complexity: the case of the multinational enterprise [J]. Academy of Management Review, 1999, 24 (1): 64–81.

[243] LAMBERT D M, EMMELHAINZ M A, GARDNER J T. Developing and implementing supply chain partnerships [J]. The International Journal of Logistics Management, 1996, 7 (2): 1–18.

[244] LAMBERT D M, KNEMEYER A M, GARDNER J T. Supply chain partnerships: model validation and implementation [J]. Journal of Business Logistics, 2004, 25 (2): 21–42.

[245] LARIVIERE M A, PORTEUS E L. Selling to the newsvendor: an analysis of price–only contracts [J]. Manufacturing & Service Operations Management, 2001, 3 (4): 293–305.

[246] LEVIN J. Relational incentive contracts [J]. The American Economic Review, 2003, 93 (3): 835–847.

[247] LI M J. China's "One Belt, One Road" Initiative: new round of opening up [Z]. RSIS Commentaries, No.154, 2015.

[248] LI P–C, LIN B–W. Building global logistics competence with Chinese OEM suppliers [J]. Technology in Society, 2006, 28 (3): 333–348.

[249] LI S, LIN B. Accessing information sharing and information quality in supply chain management [J]. Decision Support Systems, 2006, 42 (3): 1641–1656.

[250] LIN C, CHOW W S, MADU C N, et al. A structural equation model of supply chain quality management and organizational performance [J]. International Journal of Production Economics, 2005, 96 (3): 355–365.

[251] LOUNSBURY D W, HIRSCH G B, VEGA C, et al. Understanding social forces involved in diabetes outcomes: a systems science approach to quality–of–life research [J]. Quality of Life Research, 2014, 23 (3): 959–969.

[252] LU P, GUO S, QIAN L, et al.The effectiveness of contractual and relational governances in construction projects in China [J]. International Journal of Project Management, 2015, 33 (1): 212-222.

[253] LUFT G. Silk Road 2.0: US strategy toward China's Belt and Road Initiative [J]. Atlantic Council Strategy Paper, No.11, 2017.

[254] MACCARTHY B L, ATTHIRAWONG W.Factors affecting location decisions in international operations - A Delphi study [J]. International Journal of Operations & Production Management, 2003, 23 (7): 794-818.

[255] MACLEOD W B, MALCOMSON J M. Implicit contracts, incentive compatibility, and involuntary unemployment [J]. Econometrica: Journal of the Econometric Society, 1989, 57 (2): 447-480.

[256] MACNEIL I R. Relational contract theory: challenges and queries [J]. Northwestern University Law Review, 2000, 94 (3): 877-907.

[257] MALONI M J, BENTON W C. The effects of power upon supply chain relationships [C]. Annual Meeting of the Decision Sciences Institute, Proceedings, 1997.

[258] MANUJ I, MENTZER J T. Global supply chain risk management strategies [J]. International Journal of Physical Distribution & Logistics Management, 2008, 38 (3): 192-223.

[259] MARKUSEN J R. Factor movements and commodity trade as complements [J]. Journal of International Economics, 1983, 14 (3): 341-356.

[260] MATHEW S K, CHEN Y. Achieving offshore software development success: an empirical analysis of risk mitigation through relational norms [J]. Journal of Strategic Information Systems, 2013, 22 (4): 298-314.

[261] MENTZER J T, DEWITT W, KEEBLER J S, et al. Defining supply chain management [J]. Journal of Business Logistics, 2001, 22 (2): 1-25.

[262] MENTZER J T, MIN S, ZACHARIA Z G. The nature of interfirm partnering in supply chain management [J]. Journal of Retailing, 2000, 76 (4):

549–568.

[263] MEYER K E. Institutions, transaction costs, and entry mode choice in Eastern Europe [J]. Journal of International Business Studies, 2001 (32): 357–367.

[264] MICHEL A, SHAKED I.Multinational corporations vs.domestic corporations: financial performance and characteristics [J]. Journal of International Business Studies, 1986, 17: 89–100.

[265] MIN S, MENTZER J T. Developing and measuring supply chain management concepts [J]. Journal of Business Logistics, 2004, 25 (1): 63–99.

[266] MIN S, MENTZER J T, LADD R T. A market orientation in supply chain management [J]. Journal of the Academy of Marketing Science, 2007, 35 (4): 507–522.

[267] MOORMAN C, ZALTMAN G, DESHPANDE R. Relationships between providers and users of market research: the dynamics of trust within and between organizations [J]. Journal of Marketing Research, 1992, 29 (3): 314–328.

[268] MORGAN R M, HUNT S D. The commitment–trust theory of relationship marketing [J] . Journal of Marketing, 1994, 58 (3): 20–38.

[269] MORTIMER J H. The effects of revenue–sharing contracts on welfare in vertically–separated markets: evidence from the video rental industry [Z]. Harvard Institute of Economic Research Working Papers, 2002.

[270] MOTWANI J, MADAN M, GUNASEKARAN A. Information technology in managing global supply chains [J]. Logistics Information Management, 2000, 13 (5): 320–327.

[271] MULLER E J. Key links in supply chain [J]. Distribution, 1993, 92 (10): 52–56.

[272] NARAYANAN V G, RAMAN A, SINGH J. Agency costs in a supply chain with demand uncertainty and price competition [J]. Management Science,

2005, 51 (1): 120-132.

[273] NIECHELS L. Transfer pricing in multinational firms: a heuristic programming approach and a case study [M]. New York: John Wiley and Sons Inc, 2008.

[274] NORTH D C. Institutions, institutional change and economic performance [M]. Cambridge: Cambridge University Press, 1990.

[275] ONUNAIJU C. Inclusive approach [J]. ChinAfrica, 2017, 9 (5): 20-21.

[276] PARKHE A. Strategic alliance structuring: a game theoretic and transaction cost examination of interfirm cooperation [J]. Academy of Management Journal, 1993, 36 (4): 794-829.

[277] PASTERNACK B A. Commentary - optimal pricing and return policies for perishable commodities [J]. Marketing Science, 1985, 27 (1): 133-140.

[278] PATEL P C, AZADEGAN A, ELLRAM L M. The effects of strategic and structural supply chain orientation on operational and customer - focused performance [J]. Decision Sciences, 2013, 44 (4): 713-753.

[279] PENG M W. Institutional transitions and strategic choices [J]. Academy of Management Reviews, 2003, 28 (2): 275-296.

[280] PLAMBECK E L, TAYLOR T A. Renegotiation of supply contracts [Z]. working paper, Graduate School of Business, Stanford University, 2002.

[281] PLAMBECK E L, TAYLOR T A. Partnership in a dynamic production system with unobservable actions and noncontractible output [J]. Management Science, 2006, 52 (10): 1509-1527.

[282] POPPO L, ZENGER T. Do formal contracts and relational governance function as substitutes or complements? [J]. Strategic Management Journal, 2002, 23 (8): 707-725.

[283] PORTER M E. The value chain and competitive advantage [J]. Understanding Business Processes, 2001 (2): 50-66.

[284] PRAJOGO D, HUO B, HAN Z. The effects of different aspects of ISO 9000

implementation on key supply chain management practices and operational performance [J]. Supply Chain Management: An International Journal, 2012, 17 (3): 306-322.

[285] PYKE D, ROBB D, FARLEY J. Manufacturing and supply chain management in China: a survey of state-, collective-, and privately-owned enterprises [J]. European Management Journal, 2000, 18 (6): 577-589.

[286] QRUNFLEH S, TARAFDAR M. Supply chain information systems strategy: impacts on supply chain performance and firm Performance [J]. International Journal of Production Economics, 2014, 147: 340-350.

[287] RASTOGI C, ARVIS J F. The Eurasian connection: supply-chain efficiency along the Modern Silk Route through Central Asia [R]. The World Bank Group, 2014.

[288] REYES P, RAISINGHANI M S, SINGH M.Global supply chain management in the telecommunications industry: the role of information technology in integration of supply chain entities [J]. Journal of Global Information Technology Management, 2002, 5 (2): 48-67.

[289] RICHEY R G, ROATH S A, WHIPPLE M J, et al. Exploring a governance theory of supply chain management: barriers and facilitators to integration [J]. Journal of Business Logistics, 2010, 31 (1): 237-256.

[290] RING P S, VAN DE VEN A H. Structuring cooperative relationships between organizations [J]. Strategic Management Journal, 1992, 13 (7): 483-498.

[291] ROKKAN A I, HEIDE J B, WATHNE K H. Specific investments in marketing relationships: expropriation and bonding effects [J]. Journal of Marketing Research, 2003, 40 (2): 210-224.

[292] RUGMAN A M.A test of internalization theory [J]. Managerial and Decision Economics, 1981, 2 (4): 211-219.

[293] SAJADIEH M S. Global supply chain management [M] // DAVARZANI H,

REZAPOUR S. Supply chain and logistics in national, international and governmental environment. Heidelberg: Physica-Verlag HD, 2009: 43-56.

[294] SCOTT W R. Institutions and organizations [M]. Thousand Oaks, CA: Sage, 1995.

[295] SIMATUPANG T M, WRIGHT A C, SRIDHARAN R. The knowledge of coordination for supply chain integration [J]. Business Process Management Journal, 2002, 8 (3): 289-308.

[296] SLUIS S, DE GIOVANNI P. The selection of contracts in supply chains: an empirical analysis [J]. Journal of Operations Management, 2016, 41 (1): 1-11.

[297] SPEKMAN R E, KAMAUFF J W, MYHR N. An empirical investigation into supply chain management: a perspective on partnerships [J]. International Journal of Physical Distribution & Logistics Management, 1998, 28 (8): 630-650.

[298] SUN C. The Belt and Road Initiative is globalization 2.0 [EB/OL]. (2019-04-26) [2024-08-13]. http://www.cnfocus.com/ebrd-official-the-belt-and-road-initiative-is-globalization-2/.

[299] SWEDENBORG B. The multinational operations of swedish firms: an analysis of determinants and effects [M]. Stockholm: Industrial Institute for Economic and Social Research, 1979.

[300] TAN K C. Supply chain management: practices, concerns, and performance issues [J]. Journal of Supply Chain Management, 2002, 38 (1): 42-53.

[301] TAN K C, KANNAN V R, HANDFIELD R B, et al. Supply chain management: an empirical study of its impact on performance [J]. International Journal of Operations & Production Management, 1999, 19 (10): 1034-1052.

[302] TAYLOR T A. Supply chain coordination under channel rebates with sales effort effects [J]. Management Science, 2002, 48 (8): 992-1007.

[303] TOMIURA E. Foreign outsourcing and firm-level characteristics: evidence from Japanese manufacturers [J]. Journal of the Japanese & International Economies, 2004, 19 (2): 255-271.

[304] TOULAN O N. A resource perspective on internationalization responses to market liberalization [J]. Emerging Markets Review, 2002, 3 (1): 51-68.

[305] TSAY A A. Risk sensitivity in distribution channel partnerships: implications for manufacturer return policies [J]. Journal of Retailing, 2002, 78 (2): 147-160.

[306] VERNON R. International trade and international investment in the product cycle [J]. Quarterly Journal of Economics, 1966, 80 (2): 190-207.

[307] VIDAL C J, GOETSCHALCKX M. A global supply chain model with transfer pricing and transportation cost allocation [J]. European Journal of Operational Research, 2001, 129 (1): 134-158.

[308] VILLEGAS F, OUENNICHE J. A general unconstrained model for transfer pricing in multinational supply chains [J]. European Journal of Operational Research, 2008, 187 (3): 829-856.

[309] VOKURKA R J, LUMMUS R R. Balancing marketing and supply chain activities [J]. Journal of Marketing Theory and Practice, 1998, 6 (4): 41-50.

[310] WANG Y Q, LI M. Unraveling the Chinese miracle: a perspective of interlinked relational contract [J]. Journal of Chinese Political Science, 2008, 13 (3): 269-285.

[311] WILLIAMSON O E. Transaction-cost economics: the governance of contractual relations [J]. The Journal of Law and Economics, 1979, 22 (2): 233-261.

[312] WILLIAMSON O E. Strategizing, economizing, and economic organization [J]. Strategic Management Journal, 1991, 12 (S2), 75-94.

[313] WILLIAMSON O E. Calculativeness, trust, and economic organization [J]. Journal of Law and Economics, 1993, 36 (1): 453-486.

[314] WISNER J D. A structural equation model of supply chain management strategies and firm performance [J]. Journal of Business Logistics, 2003, 24 (1): 1-26.

[315] WOOD D F, BARONE A, MURPHY P, et al. International logistics [M]. Berlin: Springer Science & Business Media, 2012.

[316] KIM S W. Effects of supply chain management practices, integration and competition capability on performance [J]. Supply Chain Management: An International Journal, 2006, 11 (3): 241-248.

[317] YAMAKAWA Y, PENG M W, DEEDS D L. What drives new ventures to internationalize from emerging to developed economies? [J]. Entrepreneurship Theory and Practice, 2008, 32 (1): 59-82.

[318] YEUNG J H, SELEN W, M ZHANG, et al.The effects of trust and coercive power on supplier integration [J]. International Journal of Production Economics, 2009, 120 (1): 66-78.

[319] YU C M J, LIAO T J, LIN Z D. Formal governance mechanisms, relational governance mechanisms, and transaction-specific investments in supplier-manufacturer relationships [J]. Industrial Marketing Management, 2006, 35 (2): 128-139.

[320] ZIPKIN P H. Does Manufacturing need a JIT revolution? [J]. Harvard Business Review, 1991, 69 (1): 40-50.

索引